CURSO DE FORMACIÓN
MINISTERIAL

Estudios de
DOCTRINA
cristiana

ESTUDIOS TEOLÓGICOS

CURSO DE FORMACIÓN

MINISTERIAL

Estudios de
DOCTRINA
cristiana

ESTUDIOS TEOLÓGICOS

editorial clie

Dr. George Pardington

EDITORIAL CLIE
CLIE, E.R. n.º 2.910-SE/A
C/ Ferrocarril, 8
08232 VILADECAVALLS (Barcelona) ESPAÑA
E-mail: libros@clie.es
Internet: http:// www.clie.es

ESTUDIOS DE DOCTRINA CRISTIANA
George Pardington

ISBN: 978-84-7228-982-6

Clasifíquese:
0007 TEOLOGÍA:
Teología dogmática
CTC: 01-01-0007-07
Referencia: 223049

ÍNDICE

Nota de la casa publicadora

Hemos creído conveniente y necesario en estos días de anarquía en todas las fases de la vida, y especialmente en las cuestiones doctrinales y espirituales, publicar este libro que honra a Dios y acepta sin vacilaciones las enseñanzas bíblicas. En estos días, cuando muchos se apartan de la fe y siguen doctrinas erróneas, es alentador encontrar un testimonio tan claro de las verdades bíblicas.

Este libro es el contexto usado en las clases del Instituto Bíblico de la Alianza Cristiana y Misionera, en Nyack, Nueva York, que fue la primera institución de esta naturaleza fundada en Estados Unidos de Norte América, con el fin de preparar ministros y misioneros del evangelio. Es también libro de texto del Instituto Bíblico de Temuco, Chile, institución que sirve en esta República el mismo fin que el Instituto de Nyack.

Hasta ahora estas enseñanzas han sido comunicadas por medio de discursos o notas sueltas, pero hemos creído conveniente dejarlas en forma permanente y ponerlas así a disposición de los predicadores del Evangelio de habla española. La obra de traducción ha sido hecha por algunos de nuestros misioneros.

Lanzamos este libro a la circulación con la esperanza que sea de tanta bendición en el idioma castellano como lo ha sido en el inglés. Que sirva para fortalecer la fe en Dios y en su santa Palabra, es nuestra oracion.

Henry Wagoner

Introducción

_____

Es para mí un deber grato y al mismo tiempo doloroso, estampar aquí una palabra de aprecio sobre el contenido de este libro que lleva el nombre de nuestro querido y lamentado hermano *George P. Pardington*.

El infrascrito tuvo el privilegio de conocerlo desde su juventud y participar en la preparación y formación de su ministerio. Principiando con una educación esmerada, la utilidad de su ministerio fue intensificada por una profunda sinceridad y devoción de corazón y vida. Para él la teología no era una ciencia fría, sacada de libros y discursos, sino que brotó como fuego impetuoso de su propia experiencia de las verdades que creía, y de su propio estudio de las Sagradas Escrituras, guiado por el Espíritu Santo. Él no aceptaba ninguna verdad de segunda mano, sino que afirmaba sus creencias y probaba sus convicciones en una vida victoriosa sobre terribles pruebas.

La característica de su vida terrenal fue el sufrir victorioso, lo que dio a sus creencias y enseñanzas una realidad convincente.

Su sistema de Doctrina Cristiana, reproducido en este libro, lo desarrolló en sus labores profesionales como maestro de estudiantes bíblicos, ministros y misioneros. Repetidas año tras año y confirmadas en el fuego de las críticas de la sala de clases, llegaron al fin estas enseñanzas a presentar las firmes convicciones de una mente altamente educada y de un espíritu completamente consagrado. Se notará que el elemento espiritual predomina, y tal vez más que todo, será reconocido no tanto como un sistema de teología, sino más bien como un sistema de Cristología. Predomina siempre el punto de vista Cristocéntrico.

Tal vez la mejor credencial del autor fue el amor, admiración y aprecio de sus muchos alumnos, y la gloriosa fruición que resultó en vidas consagradas que salieron de la atmósfera celestial de su sala de clases, para vivir el Evangelio que él enseñaba y para ser testigos de Cristo hasta los últimos confines de la tierra.

Alabamos a Dios por la preciosa herencia que nuestro hermano nos ha dejado en este libro, en el cual el Espíritu Santo lo utilizó para cristalizar «la fe que ha sido una vez dada a los santos».

A. B. Simpson, D. D.

Prefacio

I. Definición de la Teología

«Teología es la ciencia que trata de Dios, y de las relaciones entre Dios y el universo» (Strong).

«Teología es la ciencia de las cosas divinas»
(Hooker).

1. DERIVACIÓN

La palabra teología viene de dos palabras griegas, a saber: «theos» Dios, y «logos» palabra o razón. Etimológicamente, teología significa discurso o disertación acerca de Dios.

2. USO

Como término, teología tiene un uso amplio, y otro limitado.

a) En su uso limitado, teología significa la doctrina de Dios, su personalidad y sus obras.

b) En su uso amplio, teología significa el resumen de las doctrinas cristianas.

NOTA.— Los Padres de la Iglesia llamaron al apóstol Juan «El Teólogo», porque él trata en su evangelio de las relaciones internas de la Trinidad. Gregorio Nazianzeno también fue llamado el teólogo porque defendió la deidad de Cristo contra los arrianos (325-890 d.C.), y desde ese tiempo ha sido costumbre universal emplear el término teología en su sentido amplio.

3. Posibilidad

Según la definición del doctor Strong, la teología tiene una base triple, a saber:

a) En la existencia de un Dios que tiene relaciones con el universo.

b) En la capacidad de la mente humana para conocer a Dios y algunas de estas relaciones.

c) En la provisión de medios por los cuales Dios se pone en contacto de hecho con la mente; o, en otras palabras, en la provisión de una revelación.

4. Necesidad

La ciencia teológica es necesaria, por las siguientes cinco razones:

a) En el instinto de la mente, por el sistema o un sistema.

«La Teología es una necesidad racional. Si fuesen destruidos hoy todos los sistemas teológicos, mañana se levantarían nuevos sistemas. Es tan inevitable la operación de esta ley que aquellos que más se oponen a la teología, demuestran, sin embargo, que se han formado un sistema de teología propio, y, por lo general, muy errado y débil. La hostilidad a la teología, donde no tiene su origen en temores errados por la corrupción de la verdad de Dios, o de una estructura de mente ilógica, a menudo procede de la licencia de especulación que no puede soportar las restricciones de un sistema bíblico completo» (Strong).

b) En la importancia de la verdad sistemática para el desarrollo del carácter cristiano.

La teología debe ser dignificada, no desacreditada. A veces se ha dicho que el estudio de la teología tiende a hacer dormir las afecciones religiosas. Esto es un error, porque la teología trata de aquellas verdades que se prestan mejor para alimentar las afecciones religiosas. No se debilita la verdadera piedad por un estudio sistemático de las verdades religiosas, sino más

bien se la fortalece por tal estudio. Por lo general, el
cristiano más resistente y fuerte es el que entiende mejor las grandes verdades fundamentales del cristianismo. Bien se ha dicho que la «moralidad cristiana es un
fruto que sólo crece en el árbol de la doctrina, y que el
carácter cristiano descansa sobre el fundamento de la
verdad cristiana» (Farr). «Se necesita algunos conocimientos para la conversión, al menos, un conocimiento del pecado, y conocimiento de un Salvador; y la
unión de estas dos grandes verdades es el principio de
la teología» (Strong). Véase Co. 1:10; 2 P. 3:18. Hay
textos que representan la verdad como alimento, Jr.
15:16; Mt. 4:4; 1 Co. 34:1, 2; He. 6:14; Job 23:12.

c) En la importancia para el creyente de tener entendimiento definido y justo de la verdad.

Esto es especialmente la verdad en cuanto al predicador: Ef. 6:17; 2 Ti. 2:2-25. «Mutilar o pervertir las
Escrituras es pecado contra el divino Redentor, y también puede causar la eterna ruina de almas humanas.
La mejor defensa contra esta mutilación o perversión,
es el estudio diligente de las doctrinas de la fe en sus
relaciones la una con la otra, y especialmente en cuanto al tema central de la teología: la Persona y Obra del
Señor Jesucristo» (Strong).

d) En la íntima relación que existe entre las doctrinas correctas y la seguridad y el poder de la inicia-
tiva de la iglesia: 1 Ti. 3:15; 2 Ti. 1:13.

«Un entendimiento defectuoso de la verdad resulta,
temprano o tarde, en defectos de organización, de operación y de vida. Una comprensión completa y clara
de la verdad cristiana como sistema organizado, provee en primer lugar una defensa valiosa contra la herejía e inmoralidad, y, en segundo lugar, estimula e
impulsa una labor emprendedora para la conversión
del mundo» (Strong). «Un credo es como la espina dorsal. El hombre no necesita su espina dorsal en la parte
delantera del cuerpo, pero tiene que tener su espina
dorsal atrás, y tiene que ser derecha; de otra manera,
o será flexible, o deforme» (H. Osgood).

e) En los mandamientos de las Escrituras, directos e indirectos: Juan 5:39; 1 Co. 2:13; Col. 1:27, 28; Ef. 4:11, 12; 1 Ti. 3:2; 2 Ti. 2:15; Tit. 1:9.

II. Definición de la Religión

«Religión en su idea esencial es una vida en Dios, una vida vivida en reconocimiento de Dios, en comunión con Dios, y bajo el control del Espíritu de Dios residente» (Strong). «La vida de Dios en el alma del hombre.»

1. Derivación

Ésta es dudosa. Hay dos puntos de vista.

a) Algunos creen que se deriva del verbo latino «religare», lo que significa «volver a atar» o «unir», a saber, al hombre con Dios.

b) Hay otros que dicen, y tal vez con más razón, que se deriva del verbo latino «relligere», lo que significa «seguir de nuevo», «pensar cuidadosamente», es decir, una observancia reverente del deber hacia Dios.

2. Relación a la teología

La teología es una ciencia; la religión es una vida. «Es posible que uno sea teólogo sin ser hombre religioso. Se puede saber algunas cosas de Dios sin conocer a Dios mismo» (Farr).

NOTA.— Hay algunos que insisten en que la religión es una especie de conocimiento, mientras otros dicen que es exclusivamente asunto de sentimientos; pero el doctor Strong tiene razón cuando dice: «Siendo que la religión es una vida, no puede ser descrita como el sólo ejercicio de una de las facultades del intelecto, afección o voluntad. Como la vida física envuelve la unidad y cooperación dc todos los órganos del cuerpo, así la vida espiritual envuelve la cooperación unida de todos los poderes del alma. A los sentimientos tenemos que asignarles una prioridad lógica, desde que una santa afección hacia Dios, impartida en la regeneración, es la condición para conocer en verdad a Dios y para servirle.

3. RELACIÓN A LA MORALIDAD

La moralidad es una ley, la religión es una vida. «La moralidad es la conformidad a una ley abstracta y justa, mientras que la religión es esencialmente la relación con una persona, de quien el alma recibe bendiciones, y a quien se entrega en amor y obediencia» (Strong). La palabra «moral» viene del latino «mos», o «mores» (plural). La palabra original significa un curso de acción, y la palabra inglesa significa «un curso correcto de acción». «Ético» se deriva del griego y tiene la misma fuerza. Por tanto, la ley que enseña a los hombres cómo obrar en cuanto a los bueno y a lo malo es llamada la *ley moral,* y se dice que el hombre tiene una naturaleza moral porque es capaz de obrar correctamente» (Farr). Véase Tit. 2:1-15.

4. RELACIÓN A LA ADORACIÓN

La adoración es un arte; la religión es una vida. «La adoración es la expresión exterior de la religión. En ella Dios habla al hombre y el hombre habla a Dios. Con toda razón incluye la lectura de las Escrituras y la predicación, del lado de Dios, y la oración y el canto, del lado del pueblo» (Strong). Por supuesto, la adoración puede ser privada y pública.

NOTA.— «Juzgamos la teología de un hombre por su credo. Juzgamos la religión de un hombre por su vida. la teología es de la cabeza, la religión es del corazón. Dios no nos juzga por lo que haya en nuestras cabezas, sino por lo que haya en nuestros corazones. la última prueba a que seremos sometidos no es la de la teología, sino la de la religión. Habrá muchos en el cielo que jamás aceptaron el Catecismo de Westminster; mientras que otros, bien establecidos y enseñados en los Cinco Puntos del Calvinismo y los Treinta y Nueve Artículos, se encon-

trarán en el infierno, condenados a pesar de toda su teología»
(Farr).

III. Fuentes de la Teología

Las fuentes de la teología son dos, a saber: la Naturaleza y las Escrituras. Véase Ro. 1:20; Sal. 8:5;
19:1; 2 Jn. 9.

1. LA NATURALEZA

El universo es una fuente de la teología. Las Escrituras afirman que Dios se ha revelado en la naturaleza. No sólo hay un testimonio exterior de su existencia
y carácter en la constitución y gobierno del universo,
sino también hay un testigo interior de su carácter en
el corazón de cada hombre. La exhibición sistemática
de estos hechos, sea su derivación de la observación de
la historia, o de la ciencia, constituye la teología natural» (Strong). Testigo exterior. Ro. 1:18:20-32; 2:15.

2. LAS ESCRITURAS

«La revelación cristiana es la fuente principal de la
teología. Las Escrituras dicen claramente que la revelación de Dios dada en la naturaleza no suple los conocimientos que necesita el predicador: Hch. 17:23; Ef.
3:9, 10. Por tanto, esta revelación se aumenta con otra,
en la cual los atributos divinos y las provisiones mise-
ricordiosas prefiguradas en la naturaleza, son dados a
conocer a los hombres. Esta última revelación consiste
en una serie de acontecimientos sobrenaturales, y comunicaciones narradas en las Escrituras» (Strong).

NOTA.— Hay cuatro fuentes erradas de la teología, a saber: el
tradicionalismo, el racionalismo, el confesionalismo y el misticismo. (1) En el tradicionalismo, Roma eleva sus interpretacio-
nes de las Escrituras a un nivel de igualdad con las Escrituras
mismas; (2) en el racionalismo, los racionalistas someten las
enseñanzas de las Escrituras al criterio de la razón humana,

rechazando todo lo que sea contrario a dicha razón humana; (3) Confesionalismo: los símbolos y credos de la Iglesia interpretan y explican las Escrituras, pero no pueden agregar nuevos conocimientos a ellas; (4) Misticismo: la experiencia cristiana es un testigo de la verdad de las Escrituras, pero no puede ser una fuente independiente de conocimiento de las cosas divinas.

IV. Las limitaciones de la Teología

Éstas se encuentran:

1) EN LO FINITO DE LA MENTE HUMANA. Job 11:7; Ro. 11:33-36

2) EN EL ESTADO IMPERFECTO DE LA CIENCIA

El llamado conflicto entre la ciencia y la revelación tiene su origen, o en el conocimiento imperfecto y defectuoso de la ciencia, o en un conocimiento defectuoso de la revelación. Cuando se entiende correctamente las dos, no puede haber conflicto, porque ambas emanan de la misma mente y mano (Sal. 19).

3) EN LA INCAPACIDAD DEL LENGUAJE HUMANO PARA EXPRESARSE. 1 Co. 2:13; 2 Co. 8:5, 6; 12:4

Es sencillamente imposible expresar correcta y perfectamente las verdades divinas con palabras humanas. Aun en el caso del idioma griego, que era el medio más perfecto de comunicaciones humanas, no se puede explicar todos los detalles y fases de la verdad divina. Los escritores del Nuevo Testamento tenían que dar nuevos significados a las palabras antiguas, como ser: logos, hamartia, mysterion, katallasso, etc.

4) EN NUESTRO CONOCIMIENTO INCOMPLETO DE LAS ESCRITURAS. Sal. 119:18; Lc. 24:32-45

5) EN EL SILENCIO DE LA REVELACIÓN ESCRITA. Dt. 29:29; Lc. 13:23, 24; Jn. 13:7; 1 Co. 2, 9

Observemos el silencio de las Escrituras sobre la vida y muerte de la virgen María; sobre la apariencia del Señor Jesús (sus facciones, etc.), sobre el origen del mal; sobre el método de la propiciación y la existencia después de la muerte. Habla relativamente poco sobre cuestiones sociales y políticas, como ser la esclavitud, el negocio de alcoholes, corrupciones en esferas de gobierno, o acerca del capital y el trabajo, etc. Por supuesto, la Biblia da principios correctos que debemos poner en práctica, pero nada dice sobre muchos detalles que quisiéramos saber.

6) EN LA FALTA DE DISCERNIMIENTO ESPIRITUAL, CAUSADO POR EL PECADO

«Las épocas de gran movimiento espiritual han mostrado mayor progreso en la teología. Esto se ve en los cincuenta años que siguieron a la Reforma, y en los cincuenta años que siguieron al avivamiento en Nueva Inglaterra (EE.UU), promovido por Jonatan Edwards» (Strong).

V. Idoneidad para el estudio de la Teología

Para sacar el mayor provecho del estudio de la teología, se precisa:

1) MENTE BIEN DISCIPLINADA

2) HÁBITO INTUITIVO

El estudiante debe confiar tanto en sus convicciones intuitivas como en sus razonamientos lógicos. «El teólogo necesita tanto del discernimiento como del entendimiento. Tiene que acostumbrarse a meditar, tanto en los hechos espirituales como en los sensibles y materiales; a ver las cosas tanto en sus relaciones internas como en sus formas exteriores; a fomentar confianza en la realidad y unidad de la verdad» (Strong).

3) ALGUNOS CONOCIMIENTOS DE LA CIENCIA

Física, mental y moral.

4) ALGUNOS CONOCIMIENTOS DE LOS IDIOMAS ORIGINALES DE LA BIBLIA

Por lo menos su genio y estructura idiomática. Esto no es indispensable, pero sería una gran ayuda.

5) UN SANTO AFECTO HACIA DIOS. Sal. 25:14; 1 Co. 2:14

«Sólo el corazón renovado puede en realidad sentir la necesidad de una revelación divina, y entender esa relación cuando es dada» (Strong). Es el corazón lo que hace al teólogo.

6) LA ILUMINACIÓN DEL ESPÍRITU SANTO. Sal. 119:18; Lc. 24:32-45; 1 Co. 2:10-12

El doctor G. R. Crooks, del Seminario Teológico de Drew, solía decir: «Sólo se necesitan tres cosas para entender las Escrituras: conocimiento de los idiomas originales, iluminación del Espíritu Santo, y sentido común.»

VI. Las divisiones de la teología

Por lo general, se divide la ciencia teológica en la siguiente forma: Exegética, histórica, sistemática, y teológica práctica.

1. TEOLOGÍA EXEGÉTICA

Éste es el estudio de los idiomas originales de la Biblia, o sea, el hebreo y arameo del Antiguo Testamento, y el griego del Nuevo Testamento.

2. TEOLOGÍA HISTÓRICA

Éste es el estudio de los hechos del cristianismo. «Cuando se trata de narrar la formación de la Fe Cristiana en resoluciones doctrinales, entonces la Teología Histórica se conoce con el nombre de Historia de Doctrina. Cuando se trata de describir los cambios que sucedían en la vida de la Iglesia, tanto interior como exterior, entonces la Teología Histórica se conoce como la Historia de la Iglesia» (Strong).

3. TEOLOGÍA SISTEMÁTICA

Además del términos Teología Sistemática, que es la Teología misma, se usan otros dos términos, que son: Teología Bíblica y Teología dogmática. Estos tres términos deben ser estudiados con cuidado.

a) Teología Bíblica: Ésta trata de arreglar y clasificar los hechos de la revelación, limitándose a las Escrituras por único material, y trata sólo de las doctrinas como se hallaban desarrolladas hasta el fin de la época Apostólica.

La Teología Bíblica traza el desarrollo de la revelación en los libros sucesivos de la Biblia, y compara las verdades reveladas por diversos escritores, como Pablo, Pedro, Santiago, etc.

b) Teología Dogmática: Éste es el estudio de la teología de los credos y confesiones de fe de la Iglesia Cristiana. A menudo pone más énfasis sobre estos símbolos que sobre la revelación de la Escritura.

c) Teología Sistemática: Este estudio «toma el material provisto por la Teología Bíblica e Histórica, y de esto trata de formar un cuerpo orgánico y consecuente de nuestro conocimiento de Dios, y de las relaciones existentes entre Dios y el universo, sea este conocimiento derivado originalmente de la naturaleza o de las Escrituras» (Strong).

d) Hay aún otro término, que preferimos a cualquiera de los otros, y es la *Doctrina Cristiana*... La palabra doctrina es latina, y significa enseñar o instruir. Es una palabra del Nuevo Testamento, como se ve en las siguientes citas: Mt. 7:28; Jn. 7:16, 17; Hch. 2:42; 5:28; 13:12; 17:19; Ro. 6:17; 1 Co. 14:6; 2 Ti. 4:2; Tit. 1:9; Heb. 6:2; 13:9; 2 Jn. 9. La Doctrina Cristiana participa en parte del carácter de la Teología Bíblica y en parte de la Teología Sistemática. Es decir, sin pasar por alto la Teología Natural (del universo) pone mayor énfasis sobre el contenido de la revelación. La Doctrina cristiana puede ser explicada como «las doctrinas o verdades cardinales de la Biblia arregladas en forma sistemática. Es éste el término que se ha escogido para nuestro estudio.

4. TEOLOGÍA PRÁCTICA

Es éste el «sistema de verdad considerado como un medio para renovar y santificar a los hombres, o, en otras palabras, la teología en su publicación y cumplimiento» (Strong). «Diseminación y obra.»

VII. Valor del estudio de la Teología

Un buen estudio de la teología es de gran valor, por las siguientes razones:

1) Forma una base para la experiencia cristiana Tit. 2; 2 Jn. 9.

2) Es la «piedra de toque» contra el error. Mt. 22:29; Gá. 1:6-9; 2 Ti. 4:2-4.

3) Es el fundamento de la enseñanza. 1 Ti 4:13.

VIII. Los métodos de la Teología

Se ha usado varios métodos para tratar sobre la materia de la teología. Tenemos el método analítico, que principia con bienaventuranza, que es el fin de todas las cosas, y en seguida trata de los medios de cómo poder alcanzarla. El método trinitario considera la Doctrina Cristiana como una manifestación sucesiva de Dios Padre, Dios Hijo y Dios Espíritu. El método federal trata la teología bajo el antiguo y nuevo pacto. El método antropológico principia con la enfermedad del hombre, el pecado, y termina con la redención, que es el remedio para la enfermedad. El método cristológico trata de Dios, del hombre y del pecado, como presuposiciones de la persona y obra de Cristo. El método histórico discute cronológicamente la historia de la redención. El método alegórico describe «al hombre como un peregrino, Dios como el fin, la vida como un camino, el Espíritu Santo como una luz, y el cielo como un hogar». Esto lo vemos en el libro escrito por Juan Bunyan, llamado «La Guerra santa». Opuesto a todos estos métodos, tenemos el método sintético, llamado así, porque «principia de lo más alto, de Dios; luego procede al hombre, a Cristo, a la redención y, finalmente, regresa al fin de todas las cosas» (Hagenback).

Seguiremos el método sintético, con algunas modificaciones. Las siguientes son las doctrinas cardinales de la Biblia, y alrededor de ella pueden agruparse todas las enseñanzas de la revelación. Dios, ángeles (incluso Satanás), hombre, pecado, Cristo (su persona y obra), el Espíritu Santo (su persona y obra), la Iglesia, y el porvenir. Por lo general se clasifican juntas las doctrinas de Cristo y del Espíritu Santo bajo el título de Soteriología, o sea, la doctrina de la salvación. Pero es indispensable anteponer el estudio de la Biblia, porque ella es la fuente y el apoyo de la verdad divina. Por tanto, principiaremos con las Sagradas Escrituras. A continuación damos las doctrinas que formarán parte de nuestros estudios:

1. Bibliología — Doctrina de la Biblia.
2. Teología — Doctrina de Dios.
3. Angelología — Doctrina de los ángeles (incluso Satanás).
4. Antropología — Doctrina del hombre.

5. Hamartialogía — Doctrina del pecado.
6. Cristología   — Doctrina de Cristo,
                     su persona y su obra.
7. Pneumatología — Doctrina del Espíritu San-
                     to, su persona y su obra.
8. Eclesiología   — Doctrina de la Iglesia.
9. Las Doctrinas Proféticas.

CAPÍTULO PRIMERO

Primera Doctrina - Bibliología

I. Revelación

1. DEFINICIÓN

La Revelación puede definirse como una comunicación sobrenatural de Dios al hombre, sea su forma oral o escrita. «Revelación es el descubrimiento por Dios al hombre de algo relacionado con Dios, superior a lo ya conocido por medio de la naturaleza o la razón» (Horne).

2. MÉTODO

Es posible un método doble de revelación:

1) UNA REVELACIÓN INMEDIATA E INDIVIDUAL A CADA PERSONA

Pero contra esto hay serias objeciones:

a) Impediría el libre albedrío. Tal vez habría personas que no estarían dispuestas a recibir una revelación directa de Dios, pero si este método de revelación fuese puesto en práctica, les sería impuesto.

b) Tendría que ser repetido a cada persona. Aun de lado de Dios, esto, por decirlo así, sería pérdida de tiempo y de esfuerzo.

c) Abriría el camino para contradicciones y engaños. Sabiendo nosotros lo que es la naturaleza humana, sabemos también que la gente no estaría de acuerdo con respecto al contenido de la revelación que había recibido. Además, habría algunos que no solamente se engañarían a sí mismos acerca de lo oído, sino que dirían que habían recibido lo que no fuera cierto.

2) UNA REVELACIÓN ESCRITA DADA UNA SOLA VEZ Y BIEN ACREDITADA

Este método tiene muchas ventajas:

a) Es más justo y amplio que la tradición oral.
b) Es más seguro que la tradición oral.
c) Es más permanente que la tradición oral.
d) Este método es necesario dada la importancia de la revelación.
e) Es mucho más satisfactorio, una vez acreditado debidamente.

Las credenciales de una revelación escrita son los milagros confirmados y la profecía cumplida.

NOTA.— Algunos de los métodos que Dios ha usado para manifestar su voluntad a los hombre son: señales (como la vara de Moisés); símbolos (como la columna de nube y humo); sueños (como los de José, Faraón, etc.); comunicaciones personales (como tuvo Moisés); el urim y thummim (probablemente cambiando el color de las piedras); visiones, milagros profecías, la encarnación, oraciones contestadas, acontecimientos providenciales, la voz del Señor en el corazón, etc., etc.

3) ALGUNAS RAZONES QUE INFUNDEN FE EN UNA REVELACIÓN DIVINA ESPECIAL

1) *Es posible*

Dada la omnipotencia de Dios, Él puede comunicar sus pensamientos y voluntad al hombre.

2) *Es probable*

Dada la sabiduría y bondad de Dios, éstas lo impulsarían a comunicarse con el hombre. Los filósofos de todos los siglos han creído posible y probable una revelación divina, y la esperaban.

3) *Es creíble*

Dada la posibilidad de una revelación divina especial, es natural y fácil creer que ha sido dada. La naturaleza humana es más bien crédula que incrédula. Así, en todos los siglos la humanidad ha sido propensa a creer en supuestas revelaciones sobrenaturales. Esto se ve en los libros sagrados del Oriente: El Korán, el libro de los Mormones, los Archivos del Espiritismo, el libro de Mrs. Eddy «Ciencia y Salud», la llave de las Escrituras, etc.

4) *Es necesaria*

a) La luz imperfecta dada por la naturaleza reclama la luz perfecta de la revelación. La naturaleza no arroja ninguna luz sobre la Trinidad, la propiciación, el perdón, el método de adoración, existencia personal después de la muerte, etc. «Aun la misma verdad que alcanzamos por medio de nuestros poderes naturales necesitan la confirmación y autoridad divina cuando se dirige a mentes y voluntades pervertidas por el pecado. Para quebrar este poder del pecado, a fin de proveer aliento para el esfuerzo moral, necesitamos una revelación divina especial en los aspectos de misericordia y ayuda de la divina naturaleza. La conciencia comprueba que Dios es un Dios de santidad, pero la naturaleza no da la misma evidencia que Dios es un Dios de amor. La razón enseña al hombre que, como pecador, merece la condenación, pero él no sabrá por la razón, que Dios le tendrá misericordia y proveerá su salvación. Sus dudas sólo pueden desvanecerse oyendo la voz de Dios mismo, que le asegura «redención... el perdón de... transgresiones» (Ef. 1:7) y le revela la manera cómo ese perdón ha sido hecho» (Strong).

b) El poder sanador de la naturaleza y su tardanza en aplicar su justicia al transgresor de sus leyes, es una parábola del camino divino de salvación para el pecador. 2 P. 3:9.

c) La densa ignorancia, baja moralidad y absoluta importancia del hombre en su estado natural, reclaman la iluminación, justicia y poder que las Escrituras revelan y proveen. Los babilonios adoraban a la naturaleza, los egipcios adoraban a los animales, los griegos y romanos adoraban a las pasiones deificadas de la humanidad, y ¿las gentes de hoy?, dinero y pasiones.

d) Los anhelos espirituales de los hombres requieren una satisfacción. Job 31:35.

e) El hombre necesita una autoridad final que le fije su credo y conducta.

4) LA CERTIDUMBRE DE UNA REVELACIÓN DIVINA ESPECIAL

Lo ya expuesto demuestra cuán razonable es que hay una revelación de Dios (dada en las Escrituras), y también da lugar para creer en ella. Además, quedamos con la certidumbre absoluta de que la Biblia es la tal revelación. Dios ha certificado su libro por la doble prueba de milagros atestiguados y por la profecía cumplida.

NOTA.— «Hay dos razones por qué Dios nos ha dado una revelación escrita: 1) Porque Él está ausente; 2) "por si olvidemos", Jos. 1:13; Mal. 4:4; Jud. 17» (Capell).

II. Canonicidad

1. DEFINICIÓN DEL CANON

Canon (procedente del griego kanon —o sea vara o instrumento para medir—), es una regla de vida o doctrina. Así, hay cánones de música, de arte, de crítica, etc., lo que significa principios fundamentales de estas materias.

2. CANON DE LAS ESCRITURAS

El canon de las Escrituras abarca los sesenta y seis libros del Antiguo y Nuevo Testamento, los cuales, siendo inspirados de Dios, constituyen la regla infalible de la fe y práctica de la Iglesia cristiana y del creyente individual.

3. Definición de la Canonicidad

La canonicidad de algún libro de la Biblia significa su derecho a un lugar en el sagrado canon. Se usa la palabra «canonicidad» cuando se refiere a un solo libro, y «canon» cuando se trata de todo el volumen, o sea de toda la Biblia.

4. Ley de Canonicidad para el Antiguo Testamento

Para que un libro tenga un lugar en el Antiguo Testamento tiene que haber sido escrito, editado o endosado por un profeta.

Cristo, el «Gran Profeta» (Dt. 18:15) endosó las Escrituras del Antiguo testamento, y así estableció para siempre el derecho de todos los libros a un lugar en el canon. Lc. 24:27, 44; Jn. 5:39. Las tres divisiones conocidas del Antiguo Testamento fueron: la Ley, los Profetas y los Salmos.

NOTA.— En el Nuevo Testamento hay 263 referencias directas y alrededor de 350 indirectas al Antiguo Testamento. Hay sólo siete libros del Antiguo Testamento que no son mencionados en alguna forma, a saber: Abdías, Nahum, Eclesiastés, Cantares, Ester, Esdras y Nehemías. Pero, como dijo el doctor Schaff: «La falta de citación en el Nuevo Testamento de algún libro del Antiguo Testamento, no quiere decir nada contra su canonicidad.» Los libros apócrifos —significando algo escondido, encubierto— consisten en catorce libros que no e encuentran en el Antiguo Testamento hebreo, pero sí en el Septuaginto (griego-LXX) y también en la Versión Vulgata. Los libros apócrifos son aceptados por la Iglesia Católica Romana. Las iglesias Luterana y Episcopal ordenan que sean leídos para «ejemplo de la vida e instrucción de manera, pero no para establecer la doctrina».

5. LEY DE CANONICIDAD PARA EL NUEVO TESTAMENTO

Para que un libro tenga un lugar en el Nuevo Testamento tiene que haber sido escrito o endosado por un apóstol, o haber sido recibido como con autoridad divina durante la Era Apostólica. Así, Marcos fue endosado por el apóstol Pedro, y Hebreos por Pablo.

NOTA N.° 1.— La ley de canonicidad de Lutero era el poder que tuviera el libro para enseñar a Cristo. Él llamó a Santiago «epístola de paja», porque creía que Santiago contradecía a Pablo en las cuestiones de Fe y Obras. Véase Ro. 4 y Stg. 2. Judas fue considerado por Lutero como «epístola innecesaria». También rechazó los libros de Hebreos y Apocalipsis.

NOTA N.° 2.— Hay una tradición con cierta base que el canon del Antiguo Testamento no fue formado, como algunos piensan arbitrariamente, por decreto de un Concilio de la Iglesia. Es verdad que el Concilio de Laodicea (363 d.C.) ratificó el canon, pero sólo en la forma como ya había sido aceptado por las iglesias. El canon del Nuevo Testamento fue formado gradualmente bajo la providencia de Dios, dando el Espíritu Santo en la Iglesia el discernimiento necesario para aceptar lo genuino y rechazar lo espúreo. El hecho de que algunos libros quedaron por algún tiempo en estudio, pero que fueron más tarde aceptados, demuestra el cuidado que se ejercitó para mantener puro el canon. Hay siete libros que estuvieron en duda por algún tiempo, y son llamados «antilegomena», o sea, los libros contradichos. Son: Hebreos, Santiago, Segunda Pedro, Segunda y Tercera Juan, Judas y Revelación. Los libros del Nuevo Testamento fueron leídos en las iglesias, 1 Ts. 5:27; se les hizo circular entre las iglesias, Co. 4:16; 2 P. 3:15, 16; y las iglesias fueron prevenidas contra las falsificaciones, 2 Ts. 2:2.

III. Legitimidad

1. DEFINICIÓN

La legitimidad de las Escrituras envuelve dos cuestiones: Su paternidad literaria, y su fecha. ¿Fueron escritos los libros de la Biblia por los hombres a quienes son atribuidos hoy día? Y ¿fueron escritos aproximadamente en la fecha que se les asigna?

NOTA.— Legitimidad es lo opuesto a falsificación. Un texto o escrito corrompido es un texto alterado.

2. LEGITIMIDAD DEL ANTIGUO TESTAMENTO

Ésta, como la canonicidad de los libros que lo componen, fue resuelta por Cristo. Lucas 24:27, 44. El testimonio de Cristo a favor del Antiguo Testamento o de cualquier parte de él, es contestación suficiente para los altos críticos. Tomemos por ejemplo, el caso de Jonás. Veamos Mt. 12:93, 40; Lc. 11:29. También el «Deutero-isaías»; Mt. 8:17; Lc. 4:17, 18.

3. LEGITIMIDAD DEL NUEVO TESTAMENTO

Si tuviéramos el testimonio de Cristo para el Nuevo Testamento, como lo tenemos para el Antiguo, sería suficiente, pero, en su ausencia, recurrimos a lo que se llama la evidencia externa e interna.

1) *Prueba externa*
Hay evidencia satisfactoria de que el Nuevo Testamento, en su actual forma, fue aceptado como legítimo antes del año 200 d.C. Esto necesitaría una larga existencia previa ya que la transcripción de los manuscritos y su circulación fueron muy lentas.

NOTA N.º 1.— Ireneo (120-200 d.C.) se refiere a los cuatro Evangelios. Policarpo (80-166 d.C.) fue su maestro y amigo. Y el maestro de Policarpo fue Juan, el apóstol amado.

NOTA N.º 2.— Hay una cadena de cuatro eslabones que une el siglo veinte con el primer siglo:

a) La Biblia impresa. Desde la última versión de la Biblia, o sea la «American Standard Version» con las Biblias de Converdale, Tyndale y Wyclif del siglo decimoquinto.

b) Los manuscritos griegos del siglo cuarto. De estos, los más importantes son: El Manuscrito Vaticano, en Roma, bajo el cuidado de la Iglesia Romana; el Manuscrito Sinaítico, en Petrogrado, Rusia, el cuidado de la Iglesia Griega; y el Manuscrito Alejandrino, en Londres, a cargo de la Iglesia Protestante, o Evangélica. Incluso los fragmentos, existen unos 2.000 manuscritos del Antiguo Testamento y 3.000 del Nuevo Testamento. De los manuscritos del Antiguo Testamento no hay ninguno de fecha anterior al sexto o séptimo siglo. En ese tiempo la Masora, una escuela de rabíes judíos alrededor del lago Tiberias, habiendo inventado un nuevo sistema para escribir el hebraico, destruyó todos los manuscritos que pudieron encontrar.

c) Citas encontradas en los escritos de la Iglesia y de los Padres Apostólicos. Éstas son del segundo y tercer siglos, y existe suficiente variedad y número para reproducir todo el Nuevo Testamento.

d) Además tenemos las versiones primitivas, que datan de alrededor del año 150 d.C. Las más valiosas de éstas son: El Siriaco, de la Iglesia Oriental; y la Vulgata, de la Iglesia Occidental.

Los originales están perdidos. Es improbable, aunque no imposible, que aún puedan ser hallados.

2) Pruebas internas

La evidencia interna de la legitimidad de las Escrituras se basa en cuestiones de lenguaje, estilo, historia, etc., que no es del caso discutirlas aquí, perteneciendo al estudio de la introducción bíblica.

IV. Autenticidad

1. DEFINICIÓN

La frase «la autenticidad de las Escrituras» significa su credibilidad o veracidad.

2. LA AUTENTICIDAD DE ANTIGUO TESTAMENTO

Fue establecida por el Señor Jesucristo, Lc. 24:27, 44.

3. LA AUTENTICIDAD DEL NUEVO TESTAMENTO

Se establece comprobando por los libros mismos que sus escritores o autores eran competentes, rectos y dignos de confianza.

1) SE COMPRUEBA LA COMPETENCIA

a) Por el sentido común y buen juicio usados por los escritores. «Ellos no escriben como entusiastas o fanáticos.»

b) Por la alta inteligencia demostrada por los escritores. En este sentido fueron superiores a los hombres de su tiempo o época.

c) Porque los hechos que ellos narran podían ponerse a prueba por los sentidos: Véase 1 Jn. 1:1. Para poder narrar acontecimientos del diario vivir no se necesita una educación liberal o universitaria, ni preparación especial.

2) SE COMPRUEBA LA RECTITUD

a) Por la seriedad de tono en los escritos. Los escritos del Nuevo Testamento están llenos de formalidad o seriedad moral.

b) Por la espiritualidad de las enseñanzas.

c) Por la ausencia de motivos para efectuar un fraude.

3) SE COMPRUEBA LA INTEGRIDAD (dignos de confianza)

Esto se comprueba con la competencia y rectitud. Siendo competentes, ellos podrían decir la verdad, y siendo rectos, estaban obligados a hacerlo.

V. Autoridad divina

1. DEFINICIÓN

La «Autoridad Divina de las Escrituras» la constituye en Corte final de Apelaciones en todo lo relacionado a la *fe y práctica* cristianas.

2. LA FUENTE DE «AUTORIDAD DIVINA»

La autoridad divina del Antiguo Testamento se apoya en el testimonio de Cristo: Lc. 24:27, 44. También el Nuevo Testamento descansa sobre la misma base, como lo veremos en los siguientes hechos:

1. Cristo dijo claramente que él dejaría incompleta o inconclusa la revelación de la verdad. Jn. 16:12.

2. Él prometió que la revelación se completaría después de su partida. Jn. 16:12, 13.

3. Él escogió ciertas personas para recibir esas revelaciones adicionales, para que fueran sus testigos, predicadores y enseñadores después de su partida. Jn. 15:27; 16:13; Hch. 1:8; Mt. 28:19, 20; Hch. 9:15-17.

4. Sabiendo anticipadamente lo que ellos escribirían, dio a sus palabras la misma autoridad que poseen las suyas. Mt. 10:14, 5; Lc. 10:16; Jn. 13:20; 17:20.

VI. Inspiración

1. DEFINICIÓN

Aquí tenemos que distinguir entre tres términos, a saber: Revelación, Inspiración e Iluminación.

1) REVELACIÓN

La revelación puede definirse como aquel acto de Dios por el cual Él comunica a la mente del hombre verdades desconocidas, que el hombre no podría descubrir por sí solo. El término «revelación» también se usa al hablar de las verdades así comunicadas.

2) INSPIRACIÓN

La inspiración puede definirse como la influencia divina ejercida sobre un escritor u orador, haciéndolo infalible en la comunicación de la verdad, sea ésta desconocida o conocida.

«*Inspiración de las Escrituras* significa aquella influencia divina especial que dirigía la mente de los escritores por virtud de la cual sus obras, salvo errores de traducción, y cuando sean correctamente interpretadas, en conjunto constituyen una regla infalible de fe y práctica» (Strong).

3) IILUMINACIÓN

La iluminación puede definirse como una vivificación divina de la mente humana, en virtud de la cual puede entender verdades ya reveladas. Por «verdades ya reveladas», se entiende las enseñanzas de las Sagradas Escrituras.

NOTA.— La iluminación no revela nuevas verdades, sino que da nuevo entendimiento sobre verdades ya reveladas. Lc. 24:32, 45.

La revelación tiene que ver con el descubrimiento de la verdad; la inspiración trata de la comunicación de la verdad; la iluminación trata del entendimiento de la verdad.

Brevemente:

Revelación	—	Descubrimiento
Inspiración	—	Comunicación
Iluminación	—	Entendimiento

Los siguientes ejemplos nos ayudarán a comprender los términos dados.

1. Inspiración, sin Revelación—
    como en Lucas o Hechos (Lc. 1:4).
2. Inspiración, con Revelación—
    como en Apocalipsis (Ap. 1:1-11).
3. Inspiración, sin Iluminación—
    como en los Profetas (1 P. 1:11).
4. Inspiración, con Iluminación—
    como en el caso de Pablo (1 Co. 2:12).

2. LA NATURALEZA DE LA INSPIRACIÓN

Hay dos notables pasajes en el Nuevo Testamento que nos enseñan lo que es la naturaleza de la inspiración. 2 Ti. 3:16; y 2 P. 1:21.

En el primer pasaje, 2 Ti. 3:16, la palabra griega traducida «inspirada divinamente» o «dada por inspiración de Dios», significa literalmente «soplo de Dios» (Theopneustos». Dijo el doctor. Wm. Evans:

«Si Pablo hubiera dicho: Toda la Escritura que sea divinamente inspirada es útil, etc., entonces podría decirse que hay alguna parte de las Escrituras, de la Biblia, que no es útil, y por tanto no inspirada. Es esto lo que quiere el espíritu racionalista, a saber, colocar la razón humana como juez, para probar y medir, para en seguida declarar cuáles son las partes inspiradas y cuáles las partes no inspiradas de las Escrituras. Algún hombre diría que tal o cual versículo no es útil para él, otro desecharía otro versículo. El resultado sería que al fin de la prueba no nos quedaría Biblia. Pero, toda Escritura *es* inspirada divinamente, y *es* útil, para lo que dice el texto.»

En el segundo pasaje, 2 P. 1:21, la frase «los santos hombres de Dios hablaron siendo inspirados por el Espíritu Santo, nos enseña o insinúa la idea de ser llevados por una fuerte corriente. Esto nos demuestra que las Escrituras no fueron escritas por hombres cualesquiera, o a sugestión de ellos, sino por hombres movidos e impulsados por el Espíritu Santo. Continúa el doctor Evans:

«El resumen de las palabras de segunda Timoteo y segunda Pedro es como sigue: Santos hombres de Dios, calificados (hechos competentes) por la infusión del aliento o soplo de Dios, escribieron en obediencia al mandato divino, y fueron guardados de todo error, tanto en la revelación de verdades desconocidas, como en la de verdades ya conocidas.

3. EL ALCANCE DE LA INSPIRACIÓN

¿Cuál es el alcance de la inspiración? ¿Es limitada a las ideas esenciales, el «concepto», por decirlo así, o incluye también el lenguaje de las Escrituras? ¿Diremos que la Biblia contiene la Palabra de Dios, o diremos que la Biblia *es* la Palabra de Dios? En contestación decimos que para que haya exactitud y autoridad, no puede haber pensamientos inspirados sin palabras inspiradas; porque el lenguaje o palabra es la expresión del pensamiento, o en otras palabras, es su personificación y vehículo. La Biblia es la Palabra de Dios.

Las mismas palabras de las Escrituras son inspiradas.
Eso se llama inspiración plenaria, inspiración verbal.

a) *El testimonio de los escritores
del Antiguo Testamento*
1. Balaam. Nm. 22:38; 23:12.
2. Moisés. Éx. 4:10-17; Nm. 17:2, 3. Dt. 4:2; 6:1;
29:1.
3. Josué. Js. 1:1-8.
4. David. 2 S. 23:2.
5. Salomón. Pr. 30:5, 6.
6. Isaías. Is. 5:24; 8:1.
7. Jeremías. Jr. 1:7-9; 7:27; 13:12; 36:1, 2; 36:1,
2, 4, 11, 27-32.
8. Ezequiel. Ez. 2:7; 3:10, 11; 24:2.
9. Daniel. Dn. 12:8, 9.
10. Miqueas. Mi. 3:8.
11. Habacuc. Hab. 2:2.
12. Zacarías. Zac. 7:8-12.

b) *El testimonio de los escritores
del Nuevo Testamento*
1. Pablo. 1 Co. 2:13;14, 37; 1 Ts. 2:13.
2. Pedro. 1 P. 1:10, 11; 2 P. 1:20, 21; 3:1, 2.
3. Véase también Mt. 10:20; Mr. 13:11; Lc. 12:12;
21:14, 15; Hch. 2:4; 4:31; Jud. 17; Ap. 2:7.

4. TEORÍAS SOBRE LA INSPIRACIÓN

Las Escrituras no dan en ninguna parte una explicación completa o detallada del «modus operandi» de la inspiración. En toda la obra del Espíritu Santo hay un elemento profundamente misterioso, de otra manera no sería la obra del Espíritu. No obstante, muchos estudiantes de la Biblia no se han conformado con aceptar el *hecho* de la inspiración o lo que se dice en Ti. 2:16 y 2 P. 1:21 sobre este punto. Han insistido en formular teorías sobre la inspiración. Las principales teorías así formadas son las siguientes:

1) LA TEORÍA INTUITIVA

Ésta consiste en «una exaltación del sentido intuitivo». Puede llamársele inspiración natural. Este punto de vista reconoce muy poco más que un grado especial de genio, como el que poseyeron, por ejemplo: Shakespeare, Cervantes, u otros. Ésta es la teoría sostenida por muchos unitarios.

2) LA TEORÍA ILUMINATIVA

Ésta consiste en un grado superior de iluminación espiritual, tal como puede ser poseída por todos los creyentes en el Señor. «Si esta teoría es verdad, entonces no hay razón alguna para que no se pueda escribir una nueva Biblia en el día de hoy. Y sin embargo, no se ha presentado una sola persona, por grandes que hayan sido sus pretensiones espirituales, para efectuar semejante tarea» (Evans).

3) LA TEORÍA MECÁNICA

Este punto de vista sostiene que los escritores de la Biblia fueron solamente herramientas, instrumentos pasivos, autómatas, o escritores inconscientes del divino Espíritu. En otras palabras, es la teoría del dictado, que desconoce en absoluto el elemento humano, y no da lugar a los escritores para manifestar su personalidad, ni deja margen para diferencias de idiomas o estilo. Este punto de vista queda desautorizado por las diferentes referencias a la inscripción sobre la cruz. Véase Mt. 27:37; Mr. 15:26; Lc. 23:38; Jn. 19:19.

4) LA TEORÍA DINÁMICA

Este punto de vista, como lo insinúa el nombre, concede el poder suficiente para todos los hechos. Mientras mantiene y sostiene la superintendencia del Espíritu Santo, haciendo infalibles a los escritores de las Escrituras en sus comunicaciones de la verdad, sin embargo, deja lugar para que entre en juego la personalidad y estilo propio de los escritores. Esta teoría está de acuerdo con la inspiración plenaria y verbal.

5. LAS PRUEBAS DE LA INSPIRACIÓN

Éstas son dobles: Internas y externas:

1) PRUEBAS INTERNAS

Éstas son directas e indirectas.

Directas
   a) 2 Ti. 3:16; 2 P. 1:20, 21.
   b) «Así dice el Señor», frase repetida más de 2.000 veces.
   c) La introducción de citas del antiguo Testamento al Nuevo Testamento: Véase Mt. 1:22; Hch. 2:16, 17; He. 3:7.
   d) La manera cómo Cristo y sus apóstoles tratan el Antiguo Testamento: Véase Mt. 6:16, 17; Jn. 10:35.
   e) La expresión o frase: «Está escrito.» Véase Mt. 4:7; Lc. 4:10; Gá. 3:10; He. 10:7; 2 P. 3:2, 15, 16; Ap. 2:7.
   f) Lo que afirman los escritores del Antiguo y Nuevo Testamento (considerado arriba).

Indirectas
   a) Carácter sobrenatural de la Biblia.
   b) Carácter sobrenatural de Cristo.
   c) Unidad de las Escrituras.
   d) Número de Escrituras.
   e) Cronología de las Escrituras.
   f) Maravillosos conocimientos de las Escrituras: (1) Luz antes que funcionase el sol, Gn. 1:4; (2) firmamento o expansión, Gn. 1:7; (3) música de las esferas, Job 38:7, Sal. 65:8; (4) circulación de la sangre, Ec. 12:6; (5) gravitación, Job 26:7 (6) número de las estre-

llas, Jer. 33:22; (7) orden de creación de acuerdo con la ciencia, Gn. 1; (8) revolución de la tierra sobre su eje, Job 38:13, 14; (9) peso de la atmósfera, Job 28:25.

2) PRUEBAS EXTERNAS

1. Asuntos de la introducción.
2. Milagros atestiguados.
3. Profecía cumplida.
4. Esparcimiento del Evangelio.
5. Conservación de la Biblia.
6. Carácter de Cristo.
7. Existencia de la Iglesia Cristiana.
8. Testimonio de la experiencia cristiana.

VII. La autoridad suprema

En el cristianismo hay sólo tres fuentes posibles de autoridad suprema: La Iglesia, la razón y la Biblia. Hay otros que sostienen la existencia de una cuarta fuente, a saber, el Señor Jesucristo. Pero siendo que nuestro conocimiento doctrinal e histórico de Cristo y todas sus enseñanzas, descansa sobre las Sagradas Escrituras, no es ésta una fuente de autoridad suprema aparte o distinta de la Biblia.

1) LA IGLESIA COMO AUTORIDAD SUPREMA

Ésta es la posición de la iglesia católico-romana que ensalza la tradición a un nivel de igualdad con las Escrituras, y reclama para sí el puesto de intérprete infalible de ambas (Escrituras y tradición). Además, esa iglesia reclama para sí el poder de una revelación autorizada especial, por sobre las Escrituras, y ha usado también ese poder, como vemos en los dogmas de la concepción inmaculada de la Virgen (la asunción corporal de la Virgen María) e) e infalibilidad del papa. Pero la Biblia vino antes que la Iglesia, y especialmente antes que la Iglesia católica-romana, encerrando a la Iglesia en misterio en el Antiguo Testamento, y desenvolviendo su historia en lo presente y dando su destino en el porvenir. Además, la Biblia es la autoridad de la iglesia cristiana, y es su constitución divina.

2) La razón como autoridad suprema

Ésta es la posición asumida por el racionalismo. Por la razón no se quiere decir la facultad lógica o «pura razón», sino la «razón moral» o sea el intelecto más la conciencia; la razón «condicionada de su actividad por un santo afecto e iluminada por el Espíritu de Dios. El punto de vista es que las Escrituras son autorizadas únicamente hasta el punto donde sus relaciones concuerdan con las conclusiones de la razón, o pueden ser racionalmente demostradas. Pero la Biblia es infinitamente superior al hombre, revelándole lo que éste fue originalmente: perfecto, y lo que es ahora: un pecador, y lo que será en el porvenir: o glorificado en el cielo, o condenado en el infierno, según si acepta o rechaza la palabra de Dios. En vez de que el hombre sea el juez de las Escrituras, ella son juez del hombre, Heb. 4:12-13. Entre los racionalistas la razón significa «la razón sin ayuda alguna», o sea el hombre natural (psíquico), quien no puede recibir ni comprender las cosas espirituales (1 Co. 2:14). Además, la razón humana, aun cuando sea iluminada por el Espíritu Santo, es variable en cada uno, según sea el temperamento, la preparación o predilección doctrinal que tenga. De esto son testigos las denominaciones protestantes. Además, la mente carnal está en enemistad con Dios (Ro. 8:7), y con gusto sacaría de la Biblia todos sus elementos sobrenaturales y milagrosos. Esto lo vemos en el movimiento de crítica destructiva.

3) La Biblia como Autoridad suprema

Es ésta la posición asumida por el protestantismo. Este punto de vista sostiene que las Sagradas escrituras constituyen la última autoridad, o sea, la Corte Suprema, cuyas decisiones son finales en todo lo relacionado con la fe y prácticas cristianas.

No obstante, las Sagradas Escrituras frecuentemente apelan a la razón moral iluminada por el Espíritu Santo, como vemos en los siguientes pasajes: 1 S. 12:7; Job. 13:3; Is. 1:18; Hch. 17:2; 18:4; 24:25; Ro. 12:1. En verdad, la razón tiene una importantísima y triple función con referencia a las Escrituras:

1) Para apreciar la necesidad del hombre de una revelación divina.
2) Para examinar las credenciales de las Escrituras.
3) Para comprender e interpretar las Escrituras.

Habiendo hecho estas tres cosas, la razón se coloca a un lado para dar lugar a la fe. Así «la razón prepara el camino para una revelación superior a la razón y coloca la base para una fe implícita en la revelación divina una vez que esta última sea dada y atestiguada (Strong). Lo externo de la revelación, es para la crítica; lo interno, para la fe. Cuando sabemos la voluntad de Dios, tenemos que cumplirla. «Si sabéis estas cosas, bienaventurados seréis, si las hiciereis» (Jn. 13:17).

Segunda Doctrina - Teología

PRIMERA PARTE

El Carácter de Dios

I. La existencia de Dios

1. DEFINICIONES

1) TEOLOGÍA

En sentido limitado, Teología significa la doctrina de Dios.

2) TEÍSMO

El Teísmo es la creencia en la existencia de un Dios personal, creador, preservador y gobernador de todas las cosas.

3) DEÍSMO

El Deísmo es una negación de la providencia de Dios.

4) ATEÍSMO

El Ateísmo es la negación de la existencia de Dios.

5) ESCEPTICISMO E INFIDELIDAD

Estos dos términos significan dudar de la existencia de Dios.

6) AGNOSTICISMO

El Agnosticismo niega que se pueda conocer a Dios.

NOTA.— Etimológicamente, las palabras agnóstico e ignorante significan la misma cosa. Agnóstico viene del griego, e ignorante del latín. Sin embargo, un agnóstico consideraría afrenta o insulto si lo llamasen ignorante.

2. DEFINICIÓN DE DIOS

A. *Bíblica*
1. Dios es Espíritu, Jn. 4:24.
2. Dios es Luz, 1 Jn. 1:5.
3. Dios es Amor, 1 Jn. 4:16.
4. Dios es Fuego consumidor, He. 12:29.

NOTA.— Éstas no son tanto definiciones exactas como descripciones populares de Dios.

B. *Teológica*
1. «Por Dios entendemos aquel Espíritu absoluto e infinitamente perfecto que es creador de todo» (Diccionario Católico).
2. «Dios es Espíritu, infinito, eterno, inmutable en su ser, sabiduría, poder, santidad, justicia, bondad y verdad» (Catecismo Westminster).
3. «Dios es el Espíritu infinito y perfecto en quien todas las cosas tienen su origen, sostén y fin» (Strong).

3. ORIGEN DE LA IDEA DE DIOS

La idea de Dios es una intuición de la razón moral, es decir, es innata en la raza humana. «El conocimiento de la existencia de Dios es una intuición racional. Lógicamente precede y condiciona a toda observación y razonamiento. Cronológicamente, es la reflección sobre el fenómeno de la naturaleza y de la mente que lo trae al conocimiento o le da forma» (Strong). La *intuición* es conocimiento directo; tenemos que distinguirla de la observación y del razonamiento, que proporcionan conocimientos por medios indirectos.

1. *La creencia en un Dios personal es llamada verdad primaria.*

«Verdad primaria es un conocimiento que, aunque desarrollado por la observación y la reflexión, sin embargo, no se deriva de dicha reflexión y observación; es un conocimiento de tal autoridad que tiene que ser admitido o concedido para que sea posible la observación o reflección. Tales verdades no son, por lo general, reconocidas como verdades primarias, o primeras; algunas de ellas son aceptadas más tarde con el desarrollo de la mente, y en la gran mayoría de los hombres no se formulan conscientemente en ningún tiempo. Y, sin embargo, ellas constituyen las suposiciones indispensables sobre las cuales descansan todos los demás conocimientos, y no sólo tiene la mente la capacidad innata de desenvolverlas tan pornto como se presente la ocasión propicia, sino que el reconocimiento de ellas es inevitable tan pronto como la mente principie a tomar en cuenta los conocimientos adquiridos» (Strong). Otras intuiciones racionales o verdades primarias son: (1) intuiciones en cuanto a relaciones, como el tiempo y el espacio; (2) intuiciones de principios, como ser la sustancia, la causa final, derecho, etc.; (3) intuiciones de poder, razón, perfección, personalidad, como ser, de Dios.

2. *Las verdades primarias que pueden ser consideradas como sinónimas de las intuiciones racionales, tienen tres señales infalibles, a saber: Universalidad, Necesidad, e Independencia y anterioridad lógica.*

a) Por *Universalidad* «no se quiere decir que todos los hombres las aceptan y las comprenden cuando son

presentadas en forma científica, sino que todos los
hombres manifiestan una creencia práctica en ellas
por medio de lenguaje, hechos y expectaciones»
(Strong). La creencia en dios como una verdad primaria sirve de muestra; jamás ha sido encontrada raza o
tribu que no haya tenido al menos un concepto rudi-
mentario de la existencia de un Ser Supremo.

b) Por *Necesidad* «no se quiere decir que es imposible negar esas verdades, sino que la mente por su
misma constitución es impelida a reconocerlas cuando
haya condiciones propicias, y emplearlas en sus argumentos para comprobar su no existencia» (Strong).
Aquí la creencia en Dios como una verdad primaria
también sirve de muestra; la infinidad es lo inevitablemente correlativo de lo finito; la raza tiene una capacidad innata para la religión; la negación de la existencia de Dios envuelve o encierra procesos lógicos
cuya validez descansa sobre la suposición de su existencia.

c) Por *Independencia y anterioridad lógica* se quiere decir «que estas verdades no pueden ser cambiadas,
ni comprobadas por otras; son antepuestas en la adquisición de todos los otros conocimientos y, por tanto, no pueden ser derivadas de otra fuente que de un
poder de raciocinio original de la mente» (Strong).
Aquí también sirve de muestra la creencia de Dios
como verdad primaria: «La intuición de la razón absoluta es (1) la presuposición indispensable de todo otro
conocimiento, de modo que no podemos saber de la
existencia de otra cosa sin admitir, ante todo, la existencia de Dios; (2) la base necesaria para todo pensamiento lógico, de modo que no podemos confiar en
nuestros procesos de raciocinio sin dejar como hemos
asentado que una Deidad pensadora ha construido
nuestras mentes con referencia al universo y a la verdad; (3) la deducción necesaria de nuestra creencia
primitiva en designio o propósito, a fin de poder aceptar que todas las cosas existen para cierto propósito, lo
que exije una suposición anterior de la existencia de

un Dios que proyecta o propone las cosas, de manera que podemos considerar el universo como un pensamiento sólo postulando la existencia de un Pensador absoluto; y (4) la única manera en que podemos tener un fundamento para nuestra convicción de obligación moral, para que podamos creer en la autoridad universal de la justicia, es asumiendo, suponiendo o dando por asentada la existencia de un Dios de justicia, quien revela su voluntad tanto en la conciencia individual como en el universo moral. No podemos comprobar que hay Dios, pero sí podemos mostrar que para que haya conocimiento, pensamiento, raciocinio y conciencia en el hombre, éste tiene que asumir que hay Dios (Strong).

3. *Por la reflexión y un análisis cuidadoso se aprende que la creencia en la existencia de Dios como una intuición racional o verdad prima, tiene un contenido cuádruple, a saber:*

a) Una razón, en que los procesos mentales del hombre tienen su base.

b) Un poder, que despierta un sentimiento de dependencia.

c) Perfección, imponiendo la ley sobre la naturaleza moral.

d) Una personalidad, reconocida en las formas de adoración y oración.

4. *Hay algunas fuentes erradas sobre la idea de Dios:*

a) La Biblia

No podemos probar con las Escrituras que Dios existe, y luego después tratar de mostrar que las Escrituras son de Dios. Esto sería razonar en un círculo. «Una revelación presupone que la persona que recibe la revelación ya tiene algunos conocimientos de Dios, aunque puede ampliar y purificar aquel conocimiento» (H. B. Smith). El «reloj de sol» necesita sol, sin el cual no tendrá significado ni uso.

b) La Experiencia

La experiencia individual viene de la percepción o sentimiento seguido por la reflexión; pero Dios es supersensible, por tanto no entra en el radio de la experiencia. Si por experiencia se quiere decir «los resultados acumulados de las sensaciones y asociaciones de las generaciones pasadas de la raza; entonces se podrá preguntar: ¿Cómo adquirió la generación original, o el primer hombre, la creencia en Dios para transmitirla, a no ser que haya sido por una intuición racional?

c) La razón

La razón puede traer la creencia en Dios a nuestro conocimiento, pero no puede causarla. «El verdadero comienzo de este conocimiento, en muchas personas no es el resultado de algún proceso consciente de razonamiento. La fuerza de la fe en Dios, de parte de los hombres no está en proporción a la fuerza de sus facultades de raciocinio. Al contrario, los hombres de mayor poder, o sea, de capacidad para el raciocinio, son a menudo escépticos; mientras que se encuentran los de mayor fe en Dios entre las personas que ni siquiera pueden comprender los argumentos a favor de la existencia de Dios» (Strong).

5. *Evidencia corroborativa de la existencia de Dios:*

Las Escrituras no tratan de probar la existencia de Dios, sino que en todas partes o la dan por un hecho o la afirman, Gn. 1:1; Jn. 1:1. Las Escrituras declaran que el conocimiento de Dios es universal, Ro. 1:19-21, 28, 32, 2:15. Dios ha puesto la evidencia de esta verdad fundamental en la naturaleza misma del hombre, de modo que en ningún lugar está sin testigo. El predicador puede confiadamente seguir el ejemplo de las Escrituras, afirmando la existencia de Dios. Pero él debe declararlo claramente, como lo hace la escritura. «Porque las cosas invisibles de él... se echan de ver (espiritualmente) desde la creación del mundo»; siendo la mente el órgano para verlo; y entonces —y aquí está la transición de la próxima división del tema— ellas son entendidas por las cosas que son hechas» (Ro. 1:20). El hecho es que no se puede comprobar la existencia de Dios por pruebas directas. Sin embargo, hay una línea quíntuple de pruebas indirectas que corroboran nuestra intuición racional. Por *pruebas indirectas* queremos decir evidencias que indican la existencia de Dios como la base y condición necesaria para la existencia de todas las cosas. Los cinco argumentos a favor de la existencia divina son como sigue:

El argumento Cosmológico, el argumento Antropológico, el argumento Ontológico y el argumento Cristológico.

Dice el doctor Strong: «Estos argumentos son probables, y no demostrativos. Por esta razón uno refuerza al otro y constituyen una serie de evidencias que son de naturaleza acumulativa. Tomándolos uno por uno, ninguno podría ser considerado decisivo, sin embargo, en conjunto corroboran nuestra convicción primitiva en la existencia de Dios, de tal manera que es de gran valor práctico y suficiente para comprometer la acción moral de los hombres. Una consideración de estos argumentos puede servir para explicar el contenido de una intuición adormecida por falta de reflexión. Estos argumentos constituyen los esfuerzos de la mente que ya tiene una convicción de la existencia de Dios y quiere dar testimonio formal y lógico de su creencia. Es esencial un entendimiento de su valor lógico y de su relación con la intuición para poder refutar los razonamientos del ateísmo y panteísmo, que son tan comunes hoy día.»

A. *El argumento Cosmológico, o sea, el argumento del cambio de la naturaleza.* (Cosmológico se deriva de la palabra griega kosmos, o sea, el orden del mundo o universo.)

1. Declaración

«Todo lo principiado, sea sustancia o fenómeno, debe su existencia a alguna causa productora. El uni-

verso es una cosa principiada y debe su existencia a
una causa igual a su producción. Esta causa tiene que
ser indefinidamente grande» (Strong). Continúa el
mismo autor: «No es éste un argumento de efecto a
causa, porque la proposición de que cada efecto tiene
que tener una causa, es idéntica, y significa que cada
acontecimiento tiene que tener una causa. Es más bien
un argumento de una existencia ya principiada para
encontrar una causa suficiente de aquel principio de
existencia.

2. Valor

Este argumento prueba que la causa del universo
tiene que ser infinitamente grande. Pero no puede demostrar:

a) Si esta causa es una causa de la materia o solamente de fenómeno.

b) Si esta causa es independiente del universo o si
forma parte de él.

c) Si es una causa, causada o no causada.

d) Si aquella causa es finita o infinita.

e) Si esa causa es inteligente o no.

f) Si es una sola o muchas causas.

3. Argumento*

Cuando nuestro ojo divisa una cosa, naturalmente
preguntamos por la causa de aquella cosa. Vemos el
mundo en que vivimos y preguntamos cómo llegó a la
existencia. ¿Se originó de sí mismo, o la causa de su
origen está fuera de sí mismo? ¿Su causa es finita o infinita?

Es obvio que el mundo no se originó solo o de sí
mismo; tal cosa sería tan imposible como el origen
por sí solo de un clavo, ladrillos, pinturas, maderas, y
éstos transformándose solos en una casa; o que los ti-

* Las líneas que siguen, bajo el rubro de «Argumento», no aparecen en el libro del doctor Pardington, sino fueron escritos por los
traductores por considerarlas necesarias para ilustración de la materia.

por para imprimir un libro se alinearan solos. Cuando se preguntó a Liebig (gran químico alemán), si él creía que las flores y el pasto que veía crecían por fuerzas químicas, contestó: «No; esto sería igual como decir que los libros de botánica que describen las flores y el pasto crecen por fuerzas químicas.» La teoría de una «serie eterna» no puede explicar el origen y existencia de este universo creado. Por larga que sea una cadena, tiene fin, porque una cadena perpendicular sin fin es una imposibilidad. La Biblia dice que «cada casa es edificada por algún hombre», y del mismo modo este mundo en que vivimos fue edificada por una mente de infinito poder y sabiduría.

Y es lo mismo cuando consideramos al hombre. El hombre existe, pero debe su existencia a alguna causa. ¿Está esa causa dentro de él o fuera, y es finita o infinita? Se puede investigar nuestro origen, hacia atrás, hasta Adán, y entonces tendremos que preguntarnos: ¿Cómo llegó a existir Adán? La doctrina o creencia de la eternidad del hombre es una creencia insostenible. Los restos fósiles datan sólo de seis mil años. El hombre es un efecto, no ha existido siempre. Esto lo comprueba la geología. Y que esta primera causa tiene que haber sido un ser inteligente queda demostrado por el hecho de que somos seres inteligentes.

B. *El argumento Teológico, o sea el argumento del orden o designio en la naturaleza.* (La palabra «teológico» se deriva del griego «telos», que significa fin o designio.)

1. Declaración

«El que haya orden y arreglo práctico en un sistema demuestra inteligencia y propósito de la causa de aquel orden y colocación. Siendo que existe orden y colocación en todo el universo, tiene que existir también una inteligencia adecuada o capaz de producir ese orden, como también una voluntad capaz de dirigir esa colocación para que sirva a los fines de utilidad» (Strong). Este argumento se halla expresado en forma silogística.

La primera premisa expresa una convicción primitiva no invalidada (1) por la objeción que el orden y colocación útil puede existir sin el propósito fijo, ni (2) por la objeción que ello puede ser el resultado de leyes y fuerzas físicas.

La segunda proposición es el principio básico de la ciencia física no invalidada (1) por la objeción que no siempre entendemos el fin que pretende el orden y la colocación existente en el universo (2) por la objeción que reconocemos en muchas cosas un orden y colocación imperfecto, debido sin duda al pecado.

2. Argumento*

La existencia de un reloj demuestra no solamente la existencia de un hacedor, de un artífice, sino también de un inventor o diseñador, porque el reloj se hace con cierto propósito. Esto lo evidencia su estructura. Detrás del reloj estaba una mente pensadora, diseñadora. Así es también con el mundo en que vivimos. Esos «fines» o propósitos en la naturaleza no pueden ser atribuidos a «resultados naturales» o «selección natural», que son resultados que se producen sin inteligencia, ni tampoco es lo que se llama «la supervivencia de los más idóneos», que son casos en que el accidente o un caso fortuito toma el lugar de la inteligencia. ¡No! Son netamente resultados de la superinteligencia y poder originador de una inteligencia y voluntad superior.

3. Valor

El argumento teológico demuestra que existe una inteligencia y voluntad adecuada para preparar al universo en su forma actual. «Pero —dice el doctor Strong— el argumento teológico no puede asegurarnos si esa inteligencia y voluntad sea personal o imperso-

---

* Véase la nota de página 50.

nal, creadora o artífice, una o muchas, finita o infinita, eterna, o si debe su existencia a otra.

C. *El argumento Antropológico, o sea el argumento de la naturaleza mental y moral del hombre.* (Antropológico se deriva de la palabra griega «anthropos», o sea, hombre.

NOTA.— Este argumento es a veces llamado «el argumento moral». Pero «moral» es un término muy limitado para el caso, porque el argumento consulta tanto la constitución mental del hombre como su naturaleza moral.

1. Declaración
Este argumento puede representarse en tres partes:

a) La naturaleza moral e intelectual del hombre exige que su autor sea moral e intelectual. La mente no puede evolucionar de la materia, ni el espíritu de la carne. En consecuencia, un ser poseedor de mente y espíritu tiene que haber sido el creador del hombre.

b) La naturaleza moral del hombre comprueba la existencia de un legislador y juez santo. De otra manera no habría explicación satisfactoria para la conciencia.

c) La naturaleza emocional y volitiva del hombre requiere que su autor sea un ser que «puede ser en sí mismo un objeto de afección humana y una fuerza estimuladora que impulse y enaltezca las actividades del hombre y asegure su continuo y alto progreso» (Strong). Continúa diciendo el mismo autor: «sólo un ser dotado de una infinidad de poder, sabiduría, santidad y bondad, puede suplir esa necesidad del alma humana. Tal ser tiene que existir, de otra manera la necesidad más grande del hombre no sería suplida, y la creencia en una mentira sería más productiva, en cuanto a virtud, que la creencia en la verdad.

2. Argumento*

El hombre tiene una naturaleza intelectual y moral; por tanto, su Hacedor tiene que ser un ser intelectual y moral, un juez, un legislador. El hombre tiene naturaleza emocional: y sólo un ser de bondad, poder, amor, sabiduría y santidad, podría satisfacer tal naturaleza, y estas cosas denotan la existencia de un Dios personal.

La conciencia dentro del hombre dice: «tú harás», o «tú no harás»; «tú debes», o «tú no debes». Estos mandatos no son impuestos por el hombre mismo. Ellos implican la existencia de un gobernador moral ante quien somos responsables. Conciencia —allí está en el pecho del hombre— como Moisés clamando desde el monte de un Sinaí invisible la Ley de un Juez santo. Dijo Newman: «Si no fuera por la voz que habla tan claramente en mi conciencia y corazón, me volvería ateo o panteísta, al mirar al mundo.» Algunas cosas son malas, otras son buenas, por ejemplo: el amor es bueno y correcto, pero el odio es malo. Una cosa no es buena por el solo hecho de agradar, ni tampoco mala porque desagrada. ¿De dónde tenemos esa norma de lo correcto y lo incorrecto, lo bueno y lo malo? La moralidad es obligatoria y no opcional. ¿Quién la hizo obligatoria? ¿Quién tiene derecho a mandar en mi vida? En resumen, tenemos que creer que hay un Dios, de otro modo, la misma raíz de nuestra naturaleza es mentira.

3. Valor

Para usar las palabras del doctor Strong: Nos asegura la existencia de un ser personal, quien nos gobierna en justicia, y quien es objeto propio y correcto de nuestra suprema afección y servicio. Pero este argumento no puede decirnos si este ser es el creador original de todas las cosas, o si es sólo el autor de nuestra existencia; no puede decirnos si él es finito o infinito,

---

* Véase la nota de página 50.

o si es un ser de simple justicia o también de misericordia.

D. *El argumento Ontológico, o sea el argumento de nuevas ideas abstractas y necesarias.* (Ontológico se deriva del griego «on», o ser.)

NOTA.— Los tres argumentos que ya hemos observado son considerados «argumentos a posteriori», a saber, desde el efecto hasta la causa. Este nuevo argumento es considerado un «argumento a priori», o sea, desde la causa al efecto.

1. Declaración
Es esta la más difícil de todas las pruebas corroborativas de la existencia de Dios. El argumento tiene tres formas:

a) La primera forma es dada por Samuel Clarke, metafísico (doctor) de Inglaterra del siglo 18. Dice él: El espacio y el tiempo son atributos de la sustancia o el ser. Pero, a la vez, el espacio y el tiempo son infinitos y eternos. Por tanto, tiene que haber una sustancia eterna o un ser eterno a quien pertenecen estos atributos.

El señor Gillespie, un teólogo escocés, trató de explicar esta definición en la siguiente forma: «El espacio y el tiempo son modos o formas de existencia. Pero el espacio y el tiempo también son infinitos y eternos. Tiene que haber, por tanto, un ser eterno, quien subsiste en estos modos o formas.»

Pero a esto se puede contestar que espacio y tiempo no son atributos de la sustancia ni tampoco modos o formas de existencia. Si fuera verdad este argumento, entonces Dios no sería «mente» sino materia, porque según el argumento el espacio y el tiempo son atributos o modos de la materia.

b) La segunda forma es la de Descartes, un metafísico (doctor) francés del siglo XVI. Él dijo: «Tenemos la idea de un ser infinito y perfecto. Esta idea no puede haber venido de cosas imperfectas y finitas. Tiene que haber, por tanto, un ser infinito y perfecto como causa de esta idea.»

El doctor Strong contesta a esto: «Este argumento confunde la idea de lo infinito con una idea infinita; la idea del hombre sobre lo infinito es finita, y de un efecto físico no podemos argüir una causa infinita.»

c) La tercera forma es dada por Anselmo, un pedagogo de la edad media, quien dijo: «Tenemos la idea de un ser infinitamente perfecto. La existencia es atributo de la perfección. Por tanto, tiene que haber un ser absolutamente perfecto.»

La contestación a este argumento es que confunde la existencia ideal con la existencia real o verdadera. Comenta el doctor Strong: «Nuestras ideas no son la medida de la realidad externa. Un ser infinitamente grande, una causa personal, autor, y legislador, ha sido comprobado por los hechos que proceden. A este ser podemos ahora atribuir infinidad y perfección, que es la idea que está al fondo del Argumento Ontológico; se los atribuimos, no porque podemos demostrar que son suyos, sino porque nuestra constitución mental no nos permite pensar de otra manera. Atribuyéndole, entonces, todas las perfecciones que puede concebir la mente humana (y en plenitud de perfecciones), tenemos *uno* a quien podemos con razón y justicia llamar Dios.»

E. *El argumento Cristológico.* (Cristológico viene del griego «Christos», o sea, el ungido, a saber el Mesías.

Este argumento descansa sobre las siguientes pilastras:

1. Hay que explicar el por qué de la Biblia.
2. Hay que explicar el por qué de la profecía cumplida.
3. Hay que explicar el por qué de los milagros.
4. Hay que explicar el por qué del carácter sobrenatural y la divina misión de Cristo.

5. Hay que explicar el por qué de la influencia del cristianismo en el mundo.

6. Hay que explicar el por qué de la conversión.

Estas cosas, mencionadas separadamente o en conjunto, no tienen explicación aparte de la existencia de Dios.

«Mientras ninguno de los argumentos, presentado por sí solo, podría ser considerado decisivo, sin embargo, tomados en conjunto constituyen una serie de evidencias acumulativas y concluyentes. Un atado de varas no se puede quebrar, aunque tomando cada vara separadamente se las puede romper» (Farr).

II. La personalidad de Dios

1. DEFINICIÓN DE PERSONALIDAD

La personalidad puede ser definida como una existencia sensible, consciente de sí misma (esciente) y con poder de determinación propia con fines morales.

NOTA.— La diferencia que distingue al ser humano de una planta o animal es que el ser humano tiene conocimiento propio (esciencia), a saber, la capacidad de conocerse a sí mismo, cosa que no poseen las plantas ni los animales.

2. ELEMENTOS CONSTITUYENTES DE LA PERSONALIDAD

Los elementos constituyentes de la personalidad son tres: Intelecto, o sea, la capacidad del pensamiento; Sensibilidad, o sea, la capacidad de sentimiento; y Volición, o sea, la capacidad de ejercer la voluntad. Asociados a estos elementos van la Conciencia y el Libre Albedrío.

3. LA PERSONALIDAD DIVINA

Si puede probarse que se atribuyen a Dios las operaciones de Intelecto, Sensibilidad y Voluntad, entonces podemos afirmar su personalidad.

1) INTELECTO

Los siguientes pasajes atribuyen a Dios las operaciones del Intelecto; Pr. 15:3; Jer. 29:11; Hch. 15:18; He. 4:13.

2) SENSIBILIDAD

Los siguientes pasajes atribuyen a Dios el poder de sentimiento: Sal. 33:5; 103:8-13; He. 12:29; Stg. 5:11.

3) VOLICIÓN

Los siguientes pasajes atribuyen a Dios el poder de ejercer su voluntad: Sal. 115:3; Is. 46:10, 11; Dn. 4:35; Mt. 19:26.

III. La Trinidad de Dios

1. DEFINICIÓN DE TRINIDAD

La Trinidad de Dios es su existencia tripersonal como Padre, Hijo y Espíritu Santo.

NOTA.— No se sabe el origen del término Trinidad aplicado a la Deidad. Parece que Teófilo, Obispo de Antioquía (168-183 d.C.) fue el primero en usar el término. La palabra misma se deriva del latín «Trinus», que significa triple.

2. CONTENIDO DE LA DOCTRINA

La trinidad de la Deidad encierra dos elementos, a saber:

1. La unidead de Dios. Éx. 20:3-7; Dt. 6:4, 5.
2. La distinción de las Personas de la Deidad. Mt. 28:19; Jn. 14:16, 17, 20-23; 2 Co. 13:14.

NOTA.— Refiriéndose a la Deidad, la palabra «persona» tiene que tomarse en un sentido modificado, es decir: para significar que las distinciones entre el Padre, el Hijo y el Espíritu Santo son de naturaleza personal. De modo que las Escrituras revelan lo siguiente:

1) La deidad de cada miembro de la Deidad. Jn. 1:1; Hch. 5:3, 4.

2) Su mutuo amor y conocimiento. Mt. 11:27; 1 Co. 2:10; Mt. 2:17; Jn. 3:35; 4:34; 5:30; Ro. 8:27.

3) Sus oficios distintos y, sin embargo, relativos. 1 Co. 12:4-6; Ef. 2:18-22.

3. FÓRMULA ORTODOXA

La fórmula ortodoxa de la Trinidad es: «Tres en Uno y Uno en Tres.»

NOTA. — Si mantenemos los dos elementos de la Trinidad ya mencionados y la fórmula ortodoxa, seremos preservados de algunos errores graves, que son los siguientes.

1) SABELLIANISMO, o sea una trinidad que sostiene que hay solamente tres aspectos o manifestaciones de una persona.

2) ARRIANISMO, que sostiene que el Hijo es subordinado al Padre.

3) SWEDENBORGIANISMO, que sostiene que «el Padre, Hijo y Espíritu Santo son tres esencias de un Dios, constituyéndolo uno, tal como el alma, cuerpo y espíritu forman un hombre».

TRITEÍSMO, que mantiene la existencia de tres Dioses. Entre ellos, o sea, entre el Sabellianismo y el Triteísmo, está el Trinitarianismo, o sea, la posición ortodoxa. El Credo de Atanasio dice: «Adoramos a un Dios en trinidad, y trinidad en unidad, sin confundir las personas ni dividir la sustancia.» Bien dice el Century Dictionary: «La doctrina recibida por la Iglesia Cristiana de los trinitarios puede resumirse en lo que enseñan las Escrituras, creyendo que hay un solo Dios, y sin embargo, tres sujetos iguales en la Deidad, quienes son descritos como Personas, pero no podemos determinar en qué sentido estas tres personas son separadas, ni en qué sentido están unidas.»

4. PRUEBAS BÍBLICAS DE LA TRINIDAD

La Biblia no declara definida y explícitamente la doctrina de la Trinidad. entre los estudiantes existe el convencimiento que 1 Jn. 5:7 es un versículo agregado, que no se halla en los manuscritos antiguos. Pero, a pesar de todo esto, existen en las Escrituras pruebas concluyentes y satisfactorias de la Trinidad:

1) El nombre plural *Elohim* (Dios) con un verbo en singular «bara», Gn. 1:1.
2) La expresión «hagamos», Gn. 1:26.
3) La bendición sacerdotal, Nm. 6:24-27.
4) El *Tersanctus o Trisagion*, Is. 6:3; Ap. 4:8.
5) La fórmula para el bautismo, Mt. 28:19.
6) La bendición apostólica, 2 Co. 13:14.

5.   ILUSTRACIONES DE LA TRINIDAD

La Trinidad es puramente un asunto de revelación. Además, es un profundo misterio. La naturaleza no tiene ninguna analogía con la Trinidad, porque ésta es infinitamente superior a la experiencia y razón humana finitas, aunque no es contraria a ella. Por tanto, bien dijo el doctor Farr, que «toda tentativa de representarla es vana, y si bien es cierto que a veces las ilustraciones son útiles para vencer las objeciones, al mismo tiempo no conviene llevarlas muy allá». Se han sugerido las siguientes ilustraciones:

1) La fuente, el arroyo, el río.
2) La nube, la lluvia y la neblina.
3) Color, forma y tamaño.
4) Los elementos actínico, lumínico y calorífico del rayo de luz.
5) Las tres dimensiones infinitas del espacio.
6) La unión del intelecto, sensibilidad y voluntad en la personalidad.
7) El pensador, el pensamiento y la relación entre los dos.
8. El pensamiento, el aliento y la palabra hablada.
9. Los tres ángulos del triángulo.
10. El espíritu, alma y cuerpo del hombre.

11. Las funciones legislativas, judiciales y ejecutivas del gobierno.

NOTA.— De éstas, la décima parece ser la mejor ilustración de todas.

IV. Los atributos de Dios

1. DEFINICIÓN DE «ATRIBUTO

Un atributo puede definirse como una cualidad o característica esencial, permanente, que distingue a un sujeto, como por ejemplo, el color y fragancia de una rosa:

NOTA.— En el pensamiento se puede separar un atributo de su sujeto, pero no se puede hacer en la experiencia. Por ejemplo, podemos pensar en el color y fragancia de una rosa como cualidades abstractas, aparte de la sustancia de la rosa, pero no podríamos quitar el color o fragancia de la flor sin perder la rosa misma.

2. DEFINICIÓN DE LOS ATRIBUTOS DIVINOS

Los atributos divinos son aquellas características esenciales, permanentes, que distinguen y pueden ser afirmadas del Dios Trino.

NOTA.— Los atributos pueden ser considerados solos o aparte, pero son esencialmente inherentes a Dios, en el sentido de que si los quitásemos de Dios perderíamos a Dios mismo.

3. BASE DE CLASIFICACIÓN

Esto debe hacerse sobre la base de lo que sea determinativo en el sujeto. En Dios esto es la Personalidad.

NOTA.— Los teólogos no están de acuerdo en cuanto a la clasificación o cuantía de los atributos divinos. Hay algunos que incluyen como atributos todo lo que puede ser afirmado de Dios a la luz de la naturaleza, de la deducción, de la razón de la revelación de las Escrituras. Haciendo así se podría agotar el alfabeto sin terminar el asunto. El doctor Strong presenta dos grandes grupos: los Absolutos o Inmanentes, y los Rela-

tivos o Transitivos. La primera clase abarca las relaciones mu-
tuas de la Deidad, como ser: vida, personalidad, existencia propia, inmutabilidad, unidad, amor, santidad. La segunda clase
abarca las relaciones de Dios con el universo, como ser: eternidad, inmensidad, omnipresencia, omnisciencia, omnipotencia,
veracidad, fidelidad, misericordia, bondad, justicia y santidad.

4. LOS ATRIBUTOS DIVINOS

Hay tres atributos divinos que corresponden a los
tres elementos esenciales de la personalidad, los cuales
son: Intelecto, Sensibilidad y Voluntad. Y los tres atributos son: Omnisciencia, Bondad o Benevolencia y
Omnipotencia.

A. *Omnisciencia: Infinidad de conocimiento*

Dios es Espíritu y, por tanto, tiene conocimiento.
Él es un Espíritu perfecto y, como tal, tiene conocimiento perfecto. Por Omnisciencia se quiere decir que
Dios sabe todas las cosas y es absolutamente perfecto
en conocimiento. Esto lo explica la etimología de la
palabra, que se deriva de dos palabras latinas: «omnis» que significa todo, y «scientia», que significa conocimiento. Los siguientes pasajes de las Escrituras
revelan y comprueban la Omnisciencia de Dios: 1 S.
16:7; 1 R. 8:39; 1 Cr. 28:9; 2 Cr. 16:9; Job 26:6; 28:23,
24; 34:22, 25; 37:16; 42:2; Sal. 44:21; 94:11; 103:14;
119:168; 139; 147:4; Pr. 3:19, 20; 5:21; 16:2; 24:12; Is.
29:15; 40:13, 14, 27, 28; 41:4; 42:9; 44:7; 45:4; 46:10;
48:5, 6; Jer. 17:10; 23:24; 32:19; 51:15; Ez. 11:5; Dn.
2:20, 22, 28; Am. 4:13; 9:2, 4; Mt. 6:4, 18, 32; 10:29, 30;
Hch. 1:24; 2:23; Ro. 8:27-29; 11:33, 34; 1 Co. 3:20; 1 Ts.
2:4; 2 Ti. 2:19; He. 4:13; 1 Jn. 3:20.

NOTA N.º 1.— Calvino definió la omnisciencia como «aquel
atributo por medio del cual Dios se conoce a sí mismo y a
todas las demás cosas en un acto eterno y sencillo».

NOTA N.º 2.— La sabiduría puede ser clasificada bajo la
omnisciencia. Es aquello por lo cual Dios produce los mejores
resultados posibles por los mejores medios posibles.

B. *Bondad o Benevolencia: Infinidad de sensibilidad o sentimiento*

El doctor Farr dijo que «benevolencia significa que Dios desea el bienestar de sus criaturas con un deseo supremamente poderoso y puro».

De la divina bondad o benevolencia hay cinco modos o manifestaciones:

1) Santidad

Fundamental y bíblicamente la santidad y justicia son la misma cosa. Muchos enseñan que éste es el atributo esencial de Dios. No es cosa fácil definir la santidad divina. Así, un señor Oehler, contrastando la santidad con la gloria, dice: «La santidad es gloria encubierta; la gloria cs santidad revelada.» Pero esto es sólo una descripción y no una definición. Dice el doctor Strong: «La santidad es una pureza que se afirma sola, o propiamente. En virtud de este atributo de su naturaleza, Dios mantiene eternamente su propia excelencia moral. El doctor Clarke dijo: «La santidad es la plenitud de la gloriosa bondad de Dios, mantenida consecuentemente como principio de su propio ser, y como norma para sus criaturas.

Los siguientes pasajes revelan y prueban la santidad de Dios: Éx. 15:11; Lv. 11:44; 19:2; 20:26; 21:8; Dt. 32:4; Jos. 24:19; 1 S. 2:2; 6:20; Job 6:10; 34:10; Sal. 11:7; 22:3; 30:4; 47:8; 60:6; 89:35; 92:15; 99:3, 5, 9; 119:142; Is. 5:16; 6:3; 43:14, 15; 47:4; 49:7; 57:15; Os. 11:9; Hab. 1:12; Mt. 5:48; Lc. 1:49; Jn. 17:11; 1 P. 1:15, 16; 1 Jn. 1:5; 2:20; Ap. 4:8; 6:10; 15:4.

2) Justicia

Se ha llamado a la justicia «santidad transitiva», a saber, la santidad en relación a los seres morales. Alguien ha dicho que la «justicia es la ejecución de la santidad». Dice el doctor Strong: «Por justicia queremos decir la santidad transitiva de Dios en virtud de la cual Él trata a sus criaturas según la pureza de su naturaleza, exigiendo de todos los seres morales conformidad con la perfección moral de Dios, y castigando con pérdida y sufrimiento la no conformidad con esa perfección». La justicia divina es tanto individual como pública, es decir, visita al individuo por sus pecados privados, y también sobre una nación o pueblo por su pecado. Mt. 22:12-14; 25:2-12; Am. 1:1-15; Mt. 11:20-24; Ap. 20:11-15.

Los siguientes pasajes revelan y prueban la justicia de Dios: Gn. 18:23-33; Dt. 10:17; 32:4; Jos. 24:19; 1 S. 2:3; Job 37:23; Sal. 11:4, 7; 19:9; 33:5; 62:12; 84:11; 96:13, 103:6; 129:4; Is. 30; Jer. 9:24; Ez. 33:7-19; Hch. 17:31; Ro. 1:32; 2:2-16; 11:22; 2 Ts. 1:5-9; He. 6:10; 12:22, 23, 29; 1 P. 1:17; 2 P. 2:9; 1 Jn. 1:9; Jud. 6; Ap. 11:18; 16:5-7; 19:2.

3) Misericordia

La misericordia ha sido definida como «aquel eterno principio de la naturaleza de Dios que lo impulsa a buscar el bien temporal y la salvación eterna de los que se han opuesto a su voluntad, aun a costo infinito, sacrificándose a sí mismo». Dice el doctor Farr: «La gracia de Dios es su benevolencia ejercida hacia los culpables, o sea, a los sin mérito. La misericordia de Dios es su benevolencia ejercida tanto hacia los miserables como a los culpables. La paciencia de Dios es su benevolencia ejercida en el sentido de no castigar inmediatamente a los culpables. La sabiduría de Dios es su omnisciencia guiada por su benevolencia para conseguir los mejores fines por los mejores medios.»

Los siguientes pasajes revelan y comprueban la misericordia de Dios: Gn. 18:26-32; Éx. 15:13; 20:2, 6; 22:27; 33:19; Nm. 14:18-20; Dt. 7:9; 1 R. 8:23; 1 Cr. 16:34; Neh. 9:17, 27-31; Job 33:14-30; Sal. 25:6; 36:5; 62:12; 69:16; 103:3-17; Is. 55:7-9; Jer. 33:8-11; Lam. 3:22-33; Dn. 9:4; Joel 2:13; Jon. 4:2; Mt. 18:11-14; Lc. 1:50, 77, 78; Hch. 3:19; Ef. 2:4; 1 Ti. 1:13; Heb. 4:16; 8:12; Stg. 2:13; 5:11; 1 P. 1:3; 2 P. 3:9.

4) Amor

El amor es la misma esencia del Ser de Dios (1 Jn. 4:16). El doctor Strong define el amor como un compuesto o composición de misericordia y bondad, diciendo de la bondad lo siguiente: «La bondad es el eterno principio de la naturaleza de Dios que lo impulsa a comunicar de su misma vida y bienaventuranzas a los que son más semejantes a Él en carácter moral. Por tanto, la bondad es casi idéntica al amor de complacencia, y la misericordia, al amor de benevolencia.» El doctor Strong cita los siguientes pasajes en confirmación de lo dicho. Ro. 2:4; Tit. 3:4; Mt. 5:44, 45; Jn. 3:16; 2 P. 1:3; Ro. 8:32; 1 Jn. 4:10. Además, los pasajes indicados a continuación también revelan y prueban el amor de Dios: Dt. 4:37; 7:7; 8:13; 33:3; Job 7:17; Salmos 42:8; 63:3; 103:3; 146:8; Is. 43:4; Jer. 31:3; Os. 11:1; Mal. 1:2; Jn. 3:16; 14:21; 16:27; 17:23, 26; Ro. 1:7; 5:8; Gá. 2:20; Ef. 2:4; He. 12:6; 1 Jn. 3:1; 4:8-16; Jud. 20:21.

5) Verdad

La verdad divina asume dos formas, a saber, la veracidad y la fidelidad. Dice el doctor Strong: «Por veracidad y fidelidad queremos decir: la verdad transitiva o activa de Dios en su doble relación con sus criaturas en general y con su pueblo redimido en particular. En virtud de su veracidad, todas sus revelaciones a sus criaturas son consecuentes con su mismo ser, también la una con la otra. En virtud de su fidelidad, él cumple todas sus promesas a su pueblo, sean estas expresadas en palabras o insinuadas en la constitución que él les ha dado.» El mismo autor cita los siguientes pasajes en confirmación de lo que dice: Sal. 138:2; Jn. 3:33; Ro. 3:4; 1:25; Jn. 14:17; 1 Jn. 5:6; 1 Co. 1:9; 1 Ts. 5:24; 1 P. 4:19; 2 Cor. 1:20; Nm. 23:19; Tit. 1:2; He. 6:18; 1 Jn. 1:9; Sal. 84:11; 91:4; Mt. 6:33; 1 Co. 2:9. También estos pasajes revelan y prueban la veracidad de Dios: Dt. 32:4; 1 S. 15:29; Sal. 25:10; 33:4; 43:3; 100:5; Is. 25:1; Jer. 10:10; Jn. 17:17; Tit. 1:2. Y los pasajes que se citan a continuación comprueban la fidelidad de Dios: Gn. 9:16; 28:15; Dt. 7:8, 9; 1 R. 8:23, 24, 56; Sal. 36:5; 89:1; 92;1, 2; Is. 42:16; 51:6; Jer. 29:10; 33:14; Heb. 6:10-19; 10-23; 2 P. 3:9; 1 Jn. 1:9.

C. *Omnipotencia: Infinidad de poder*

La palabra «omnipotente» viene de dos palabras latinas; «omnis», que significa todo, y «potencia», o «potens», que significa poder. Pasajes como los siguientes revelan y prueban la omnipotencia de Dios: Gn. 17:1; 18:14; Job. 42:2; Is. 26:4; Mt. 19:26; Lc. 1:37; Hch. 26:8; Ap. 19:6; 21:22.

La Omnipotencia de Dios es aquel atributo por el cual él puede hacer que suceda todo lo que quiera. El poder de Dios no admite limitaciones. La declaración de intención de Dios es la certidumbre que esa cosa sucederá.

NOTA.— La omnipotencia de Dios tiene que ser explicada y entendida en tal forma que no contradiga ni a la naturaleza de Dios, ni tampoco a la naturaleza de las cosas. Es moralmente imposible que Dios mienta o que muera, y es naturalmente imposible que Dios haga juntar dos líneas paralelas, o crear dos montañas sin que haya un valle en el medio (Farr).

V. Las perfecciones de Dios

Hay algunos modos de la divina existencia que generalmente son clasificados como atributos divinos, y que más bien podrían ser considerados como Perfecciones Divinas. Éstas son: Espiritualidad, unidad, independencia, inmutabilidad, eternidad y omnipresencia.

1) ESPIRITUALIDAD

Al igual que la personalidad, la espiritualidad es fundamental al ser de Dios: Juan 4:24. No es un atributo, sino más bien un modo o manifestación de la existencia completa y tripersonal de Dios. Dijo el doctor Farr:

«Dios es más que una condición de existencia, como ser el espacio o el tiempo. Él es un Agente, un Actor, un Ser Vivo, y vida Espiritual: Jn. 6:63; Gn. 1:3; Sal. 139:7; Jn. 4:24; Éx. 20:4; Is. 40:26; Ro. 1:20; Co. 1:15; 1 Ti. 1:17. De los pasajes en Sal. 139:7 y Jn. 4:24 parece que la omnipotencia de Dios se explica por su espiritualidad. La materia presupone la existencia de espacio como condición de su existencia, pero no así el espíritu.

No hay evidencia de que lo espiritual ocupe o necesita de espacio material.

2. UNIDAD

Hay un solo Dios. Tenemos que mantener la Trinidad en armonía con la unidad de la esencia o sustancia divina: Dt. 6:4; 2 S. 7:22; Sal. 86:10; Is. 43:10; Mt. 19:17; 1 Co. 8:6; Gá. 3:20; 1 Ti. 2:5.

3. INDEPENDENCIA

Se puede afirmar la independencia de Dios tocante a cuatro cosas:

1. Su existencia, que es absoluta y no se deriva de otra fuente, Éx. 3:14; Jn. 5:26.
2. Su conocimiento, He. 4:13.
3. Su acción, Gn. 1:1; Hch. 17:24.
4. Su felicidad, Ef. 1:3; 1 Ti. 6:15, 16.

4. INMUTABILIDAD

Inmutabilidad significa invariabilidad, no cambiar nunca. Dijo el doctor Farr: «Dios siempre permanece igual, sin ningún desarrollo ni cambio. Él no podría cambiar hacia lo mejor, porque ya es perfecto; ni podría cambiar hacia lo peor, porque entonces dejaría de ser perfecto», Sal. 102:27; Is. 40:28; Mal. 3:6; Stg. 1:17; He. 1:12.

5. Eternidad

Eternidad significa existencia sin principio ni fin: Sal. 90:2. También veamos Dt. 32:40; Is. 41:4; 1 Ti. 1:17; 2 P. 3:8; Ap. 10:6. El tiempo tiene pasado, presente y futuro, la eternidad no los tiene, siendo de infinita duración, sin principio, fin o límite; un eterno presente.

6. Omnipresencia

Dice el doctor Farr: «Las Escrituras representan a Dios como que llena completamente la inmensidad del espacio. Él está presente en todas partes, no habiendo ningún punto del universo donde no esté.» Dios es Omnipresente tanto en sus obras como en su personalidad: 1 R. 8:23; 2 Cr. 6:18; Is. 43:2; 66:1; Jer. 23:24; Am. 9:2; Sal. 139:7-12; Hch. 17:27-28; Mt. 28:20.

NOTA.— La omnipresencia de Dios tiene que ser mantenida en armonía con su excelencia o superioridad y su inmanencia. La excelencia divina significa que Dios está por encima de sus obras; la inmanencia divina significa que Él está dentro de sus obras. Aun más, la inmanencia tiene que distinguirse del panteísmo. La persona que sostiene la inmanencia divina separa a Dios de sus obras, pero el panteísta identifica a Dios con sus obras.

VI. Los nombres de Dios

En nuestra vida occidental moderna, los nombres de personas no tienen mucho significado, excepto, tal vez, los nombres indígenas. Pero en el Oriente es muy distinto. En la Biblia los nombres personales tienen significado especial. De este modo, cuando el Señor apareció a Jacob, éste llama al lugar «Bethel», o sea «la casa de Dios» (Gn. 28:16-19). Muere Rachel y llama a su hijo «Benoni», o sea «el hijo de mi tristeza» (Gn. 35:18). Además, en ciertos casos la misma persona o lugar tiene dos nombres. Así, el nombre antiguo de Bethel era Luz, significando «árbol de almendras».

Y Jacob dio el nombre de Benjamín (hijo de mi diestra) a su hijo Benoni (gn. 28:19; 35:18).

Los nombres de Dios revelan *su carácter y sus diferentes relaciones con sus criaturas*. Una nueva crisis o una especial necesidad entre su pueblo traía un nuevo nombre, de modo que no puede levantarse emergencia entre el pueblo de Dios donde no haya algún nombre de Dios referente al caso.

Hay nueve nombres principales, de Dios, en tres grupos de tres nombres cada uno, y sugiriendo, como algunos piensan, la Trinidad.

Primero

Hay tres nombres primarios: Dios, Jehová, Señor (Adonai).

1) DIOS

La forma hebrea de este nombre es El, Elah y Elohim (Gn. 1:11). «El» significa fuerte, o sea *el fuerte*. «Alah» es el verbo de donde se derivan Elah y Elohim, y significa «ligarse por un juramento», o sea «fidelidad». «Elohim» es un sustantivo plural con significado singular, así en este nombre está latente la Trinidad. Gn. 1:26, 27; 3:22.

2) JEHOVÁ

La forma hebrea es Yahwe (Jehová). En Gn. 2:4 tenemos la combinación Yahwe Elohim. Yahwe se deriva del verbo «havah», significando *ser y llegar a ser*, o sea, «el Ser de existencia propia que se revela»; también encierra el pensamiento «El Venidero», Éx. 3:13-17; Gn. 4:16. Elohim es el nombre creador de Dios, y Yahwe es su nombre redentivo y que guarda su pacto, Elohium aparece en Gn. 1 y Yahvé en Gn. 2.

NOTA.— Jehová es una palabra compuesta de las consonantes del sagrado nombre (que no se puede pronunciar) representado por Yahwe, y los vocablos de la palabra hebrea para maestro.

3) SEÑOR

La forma hebrea es Adon o Adonai (Gn. 15:2). «Adonay», maestro, se aplica a Dios y al hombre, pero cuando se refiere al hombre se escribe con minúscula, «Adonai» significa maestro o esposo (Gn. 24:9, 10, 12; 18:12). Para nosotros, Cristo es ambos: Maestro y esposo (Os. 2:16-20; Jn. 13:13; 2 Co. 11:2, 3).

Segundo

Hay tres nombres compuestos con «El»: Dios Todopoderoso, Dios Altísimo y Dios Eterno.

1) DIOS TODOPODEROSO

La forma hebrea es «El Shaddai» (Gn. 17:1). Como ya sabemos, «El» significa «El Fuerte». Pero el significado de «Shaddai» es oscuro. Algunos estudiantes han sugerido los siguientes nombres: «El Dios Suficiente, «El Todo Suficiente», «El Bienhechor». Es muy probable que «Shaddai» se derive del sustantivo hebreo «Shad» que significa pecho, y es usado invariablemente en las Escrituras al referirse al pecho de una mujer (Gn. 49:25; Job 3:12; Sal. 22:9; Cnt. 1:13; 4:5; 7:3, 7, 8; 8:1, 8, 10; Is. 28:9; Ez. 16:7. Dios es «Shaddai» porque él es el Sustentador, es el que da fuerza, y, por tanto, el que satisface, derramándose en la vida de los que realmente creen en él. Como la criatura no satisfecha y llorosa no sólo recibe de su madre el alimento y fuerza, sino también es tranquilizada, descansada y satisfecha, así el «Shaddai» es el que da fuerzas y satisface a su pueblo. El nombre abarca el sentido de fruición y disciplina (Gn. 17:1-8; 28:3-4; He. 11:12; Rut 15:2; 12:10).

2) EL ALTÍSIMO

La forma hebrea es «El Elyon». Elyon significa «más alto» (Gn. 14:17-24). El versículo 19 de este pasaje da el significado distintivo: «El Dios alto, poseedor de los cielos y de la tierra.» Parece que «El Elyon» es el nombre que da a entender sus relaciones con las naciones gentiles (Dt. 32:8; Dn. 3:26; 4:17, 24, 25, 32; 5:18-21; también en Is. 14:13-14; Mt. 28:18; 2 S. 22:14, 15; Sal. 9:2-5; 21:7; 47:2-4; 57:2-3; 82:6, 8; 83:18; 91:1-12).

3) EL DIOS ETERNO

La forma hebrea es «El Olam» (Gn. 21:33). «Olam» expresa «duración eterna» (Sal. 90:2). El equivalente griego a esta palabra es «aion», significando siglo o dispensación. «Olam» también encierra la idea de secreto, reserva, soledad. «El Dios eterno» es, por tanto, aquel nombre de la Deidad en virtud de la cual él es el Dios cuya sabiduría ha dividido el tiempo y la eternidad en el misterio de siglos y dispensaciones sucesivas. El nombre no sólo quiere decir que es eterno, sino que también es Dios sobre cosas eternas (Ef. 1:9, 10; 3:3-6).

Tercero

Hay tres nombres compuestos con Yahwe: Jehová Dios, Señor Jehová, Jehová de los Ejércitos.

1) JEHOVÁ DIOS

La forma hebrea es «Yahwe Elohim» (Gn. 2:4). Este nombre divino se usa, en primer lugar, al hablar de la relación de Dios con el hombre, como Creador (Gn. 2:7-15); como Maestro (Gn. 2:16, 17); como Gobernador (Gn. 2:18-24; 3:14-19, 22:24); como Redentor (Gn. 3:8-15, 21); y en segundo lugar, al hablar de la relación de Dios con Israel (Gn. 24:7; Éxodo 3:15, 18; Dt. 12:1).

2) SEÑOR JEHOVÁ

La forma hebrea de este nombre es «Adonai Yahwe» (Gn. 15:2). Este nombre compuesto pone énfasis sobre la primera parte, es decir sobre el pensamiento del Maestro (Gn. 15:1, 8; Dt. 3:24; 9:26; Jos. 7:7).

3) JEHOVÁ DE LOS EJÉRCITOS

La forma hebrea es «Yahwe Sabaoth» (1 S. 1:3). Sabaoth significa «ejército» o «ejércitos3. La palabra es usada con referencia especial a guerra y servicio. Se usa para hablar de Jehová en manifestación de su poder y gloria (Sal. 24:10). Aparece frecuentemente en el Antiguo Testamento en el momento de crisis y de necesidad de Israel. De modo que el salmista exclama: «Jehová de los ejércitos es con nosotros; nuestro refugio es el Dios de Jacob» (Salmo 46:7, 11). Por ejércitos, se habla en primer lugar de los ángeles, pero el nombre abarca también la idea de todo el poder divino y celestial disponible para las necesidades del pueblo de Dios.

Yahwe es compuesto con siete nombres o palabras, a saber:

Jehová-Jireh: «Jehová proveerá» (Gn. 22:13, 14).
Jehová-Rapha: «Jehová que sana» (Éx. 15:26).
Jehová-Nissi: «Jehová nuestra Bandera» (Éx. 17:8-15).
Jehová-Shalom: «Jehová nuestra paz» o «el Señor envíe paz» (Jue. 6:24).
Jehová-Ro'i: «Jehová mi pastor» (Sal. 23).
Jehová-Tsidkenu: «Jehová nuestra justicia» (Jer. 23-6).
Jehová-Shammah: «Jehová está aquí» (Ez. 48:35).

Teología

SEGUNDA PARTE
Las obras de Dios

I. Los decretos de Dios
1. DEFINICIÓN

Los decretos de Dios abarcan su eterno propósito que se desarrolla a través de los diferentes siglos o dispensaciones: Ro. 8:28; Ef. 1:11; 3:11. Es notable el nombre dado a Cristo en 1 Ti. 1:17: «El Rey de los siglos.» El doctor Strong da la siguiente definición: «Por los decretos de Dios queremos decir el eterno plan por el cual Dios ha hecho seguros todos los acontecimientos del universo en cuanto al pasado, presente y futuro.»

2. ALCANCE

Los decretos divinos incluyen la Creación, la Providencia, y la Redención. En cuanto a detalles, éstos pueden ser clasificados en dos divisiones, a saber: primero, los decretos referentes a la naturaleza, o sea la creación y preservación; y segundo, los decretos tocante a los seres morales, o sea la providencia y redención, incluyendo la gracia.

NOTA.— A nuestro parecer, hay muchos decretos, porque se desarrollan sucesivamente a través del tiempo; pero en su naturaleza y del punto de vista divino, son uno. Lo que es un plano para el arquitecto, son los decretos para Dios.

3. PRUEBAS BÍBLICAS

En sentido amplio podemos decir que las Escrituras enseñan que todas las cosas, pequeñas y grandes, se incluyen dentro de los decretos divinos: Is. 14:26, 27; 46:10, 11; Dn. 4:35; Ef. 1:11. Pero veamos los detalles.

1. La estabilidad del universo físico (Sal. 119:89-91.
2. La consanguinidad y la división territorial de las naciones (Hch. 17:26).
3. La largura de la vida humana (Job 14:5).
5. Los actos libres de los hombres, tanto buenos como malos (Is. 44:28; Ef. 2:10; Gn. 50:20; 1 R. 12:15; Lc. 22:22; Hch. 2:23; 4:27, 28; Ro. 9:17; 1 P. 2:8; Ap. 17:17).
6. La salvación de los reyes (1 Co. 2:7; Ef. 1:3, 10, 11).
7. El establecimiento del Reino de Cristo (Sal. 2:7, 8; 1 Co. 15:23).
8. La obra de Cristo y el establecimiento de esa obra por su pueblo (Fil. 2:12, 13; Ap. 5:7).

NOTA N.° 1.— Los decretos divinos están en armonía con la presciencia, sabiduría, inmutabilidad y benevolencia de Dios. Un universo sin decretos sería tan irracional y terrorífico como un tren expreso lanzándose en las tinieblas, sin luces ni maquinita, y sin una mínima seguridad contra una caída en un abismo en cualquier momento (A. J. Gordon).

NOTA N.° 2.— Hay varias objeciones a los decretos:
1. Se dice que son inconsecuentes con el libre albedrío del hombre. Pero se podría decir lo mismo en cuanto a la presciencia divina. Esta objeción confunde el decreto con su ejecución, cosas muy distinta.
3. Se dice que quitan todo motivo de actividad humana. Pero los decretos no son fatalistas, sino indudablemente fueron hechos contando con la cooperación del hombre en su ejecución.
3. Se dice que los decretos inculpan a Dios como autor del pecado. Pero, aunque Dios permitió el pecado, no podemos decir que Dios es su autor, pero sí el Autor de seres que son los

autores del pecado. Ingersol, el gran ateo, preguntó: ¿Por qué creó Dios al diablo? Le fue dada la siguiente contestación: «Dios no creó al diablo, fue el diablo mismo quien se hizo diablo. Dios lo hizo como espíritu libre, pero luego ese espíritu libre abusó de su libertad, creó el pecado, y de consiguiente se hizo diablo.

Dice el doctor Strong: «Hay cuatro preguntas que ni las Escrituras ni la razón pueden contestarnos a completa satisfacción, y lo único que podemos decir es que tendremos que esperar el conocimiento superior que nos proporcionará el estado celestial futuro. Estas preguntas son: (1) ¿Cómo puede un Dios santo permitir la maldad? (2) ¿Cómo puede un ser creado puro caer en el pecado? (3) ¿Cómo podemos ser responsables por la depravación, inherente al ser humano? (4) ¿Cómo pudo Cristo sufrir, justicieramente? Estamos considerando la primera pregunta. Una teodicea completa (theos-Dios, dike-justicia) sería la vindicación de la justicia de Dios al permitir el mal que existe bajo su gobierno. Mientras una teodicea completa esté más allá de nuestro alcance y poder, las siguientes ideas dan alguna luz sobre el misterio de la existencia del mal en el gobierno de Dios: (1) El ejercicio de la libre voluntad (libre albedrío) es necesario para la virtud; (2) por el pecado, sufre más Dios que el pecador; (3) juntamente con permitir la presencia del pecado, Dios ha provisto una redención; (4) y que finalmente Dios dispondrá todo para bien.»

4. RESULTADOS PRÁCTICOS

La doctrina de los decretos divinos tiene algunos resultados prácticos:

1. Inspira humildad en el creyente, frente a la soberanía de Dios.
2. Enseña confianza en Aquel que hace todas las cosas para el bien de los que aman a Dios.

3. Amonesta al pecador impenitente que, aunque sea retrasado, el castigo lo alcanzará irremisiblemente.

4. Invita al pecador a buscar la paz de Dios, antes que sea tarde.

NOTA.— La doctrina de los decretos divinos a menudo confunde al principiante en la vida cristiana, porque presenta algunas dificultades intelectuales. Pero es un consuelo para el creyente maduro, especialmente en momentos de prueba y sufrimientos (Ro. 8:28).

II. La creación

1. DEFINICIÓN

Creación puede ser definido como «aquel acto libre del Dios trino por el cual Él, en el principio, y para su propia gloria, hizo todo el universo, visible e invisible, sin el uso de materiales preexistentes.

2. PRUEBA

Hay pruebas bíblicas de la creación, tanto directas como indirectas:

1) DIRECTA

Ésta se encuentra en dos pasajes notables, a saber: Gn. 1:1 y He 11:3.

a) Gn. 1:1. El verbo hebreo traducido «creado» es *bara*, palabra que se encuentra tres veces en el primer capítulo de Génesis, a saber: versículo 1, tratando de la materia; versículo 21, tratando de la vida animal; y versículo 26, tratando de la vida humana. Esto nos muestra que hay un abismo infranqueable entre la vida vegetal y la vida animal, de un lado, y entre la vida animal y la vida humana, de otro lado.

NOTA.— El verbo hebreo *bara* debe ser distinguido de otros dos verbos hebreos, a saber: *asah*, hacer y *yatsar*, formar. *Bara* es usado en Gn. 1:1 y *asah* en Gn. 2:4 hablando de la creación

del cielo y de la tierra. De la tierra, se usa *yatsar* y *asah* en Is.
45:18. Hablando del hombre en Gn. 1:27 encontramos la palabra *bara*, en Gn. 1:26 y 9:6 la palabra *asah*, y en Gn. 2:7 *yatsar*.
En Is. 48:7 encontramos las tres palabras en el mismo versículo: «Para gloria mía los *bara*, los *yatsar* y los *asah*.» En Is.
45:12 leemos: «Yo *asah* la tierra, y *bara* sobre ella al hombre»,
pero en Gn. 1:1 leemos: «*Bara* Dios los cielos y la tierra», y en
9:6: «*Asah* el hombre.» En Isaías 44:2: «Así dice Jehová que te
asah, y te *yatsar*», pero en Gn. 1:27 Dios *bara* al hombre. En
Gn. 5:2 dice: «Varón y hembra los *Bara*»; Gn. 2:22: «de la cos-
tilla... *asah* una mujer»; Gn. 2:7: «*Yatsar* pues, Jehová Dios al
hombre», es decir, *Bara* al hombre y mujer, sin embargo, *asah*
la mujer y *yatsar* al hombre. No se usa siempre el término *asah*
para transformar: Is. 41:19, 20: «hayas, olmos y álamos», en
naturaleza *bara*. Sal. 51:10: «*Bara* en mí, oh Dios, un corazón
limpio»; Is. 65:18: «Yo *bara* a Jerusalén alegría.» Este uso permutable de los tres verbos han inducido a algunos a decir que
bara no significa crear. Pero, como dice el doctor Strong: «Si
bara no significa creación absoluta, entonces no existe en el
idioma hebreo una palabra que exprese esa idea.

b) He. 11:3. Este pasaje enseña que el mundo fue
hecho no de materias sensibles y preexistentes, sino
por orden y decreto directo de la omnipotencia
(Strong). Los siguientes pasajes pueden ser estudiados
en conexión con esto: Ex. 34:10; Nm. 16:30; Is. 4:5;
41:20; 45:7, 8; 57:19; 65:17; Jer. 31:22; Ro. 4:17; 1 Co.
1:30; 2 Co. 4:6; Co. 1:16, 17.

2. INDIRECTA

ésta se encuentra en numerosos pasajes:
a) La existencia pretérita del mundo es limitada:
Mr. 13:19; Jn. 17:5; Ef. 1:4.
b) Cada una de las personas de la deidad existían
antes que el mundo fuera fundado. Sal. 90:2; Prov.
8:23; Jn. 1:1; Co. 1:17; He. 9:14.

3. AUTOR

Dios es el autor de la creación, obrando por intermedio de una doble agencia: la palabra (el Verbo) y el Espíritu. En particular y en detalle la obra de la creación es atribuida a cada una de las tres personas de la Trinidad:

1. El Padre: Gn. 1:1; 1 Co. 8:6; Ef. 3:9.
2. El Hijo: Jn. 1:3; 1 Co. 8:5; He. 1:2; 11:3; Co. 1:16.
3. El Espíritu: Gn. 1:2; Job 25:13; 33:4.

NOTA.— En cada obra de Dios existe la cooperación del Padre, del Hijo y del Espíritu Santo. De modo que en la creación el Padre concibe, el Hijo ejecuta y el Espíritu Santo lo lleva a la perfección. Por vía de ilustración se podría decir que el arquitecto hace el plano, el constructor erige el edificio y el decorador termina la parte interior. En Gn. 1:1-3 vemos a la Trinidad: Dios el Padre, en el versículo 1; Dios el Espíritu, en el versículo 2; y Dios el Hijo, en el versículo 3. Y dijo Dios: (Cristo el Verbo); veamos también Jn. 1:1 y He. 11:3.

4. ESFERAS DE CREACIÓN

Hay siete esferas de creación:

1. Hueste angélica, Co. 1:16.
2. Universo material, Gn. 1; los días 1, 2 y 4.
3. Vegetación, Gn. 1; el día 3.
4. Peces, Gn. 1; el día 5.
5. Aves, Gn. 1, el día 5.
6. Animales, bestias y reptiles, Gn. 1; el día 6.
7. Hombre, Gn. 1; el día 6.

NOTA.— Podemos notar aquí tres temas interesantes:
PRIMERO. El acuerdo que existe entre la verdadera ciencia y la revelación. En cuanto al orden de la creación existe perfecto acuerdo, aunque la narración de la creación en Gn. 1 y 2 esté en lenguaje popular. Por ejemplo, vemos la existencia de luz

antes que el sol entrara en funciones; la materia inorgánica aparece antes que la vida orgánica; los invertebrados antes que los vertebrados; los animales antes que el hombre, etc. En cuanto al tiempo de la creación, algunos científicos calculan que sucedió hace 10.000 años, mientras otros estiman que hace 10.000.000 de años. En cuanto a la creación del hombre, no hay ninguna razón para colocarla antes que la cronología bíblica, o sea 4.000 años a.C.

SEGUNDO. El significado de la palabra «día» en Gn. 1. Hay dos creencias, a saber: el día de 24 horas y el de un período indefinido. Las Escrituras apoyan ambas opiniones. En cuanto a un día de período indefinido vemos en Gn. 1:5, o sea un día antes que hubiera sol; en 1:8 leemos de la noche y de la mañana como un día; en 2:2 vemos un día que aún no termina; también veamos 2:4; Isaías 2:12; Zac. 14:7; 2 P. 3:8.

TERCERO. El método de interpretación. Rechazamos en su totalidad el punto de vista o interpretación alegórica o mística, y aceptamos en su totalidad e implícitamente la narración de los primeros capítulos de Génesis sobre la creación.

5. EL PROPÓSITO EN LA CREACIÓN

Las Escrituras revelan un cuádruple propósito divino en la creación:

1. En Dios mismo, Pr. 16:4; Ro. 11:36; Co. 1:16.
2. En su propia voluntad y placer, Ef. 1:5, 6, 9; Ap. 4:11.
3. En su propia gloria, Is. 43:7; 60:21; 61:3; Lc. 2:14.
4. Para dar a conocer su poder, sabiduría y nombre santo, Sal. 19:1; Ef. 3:9, 10.

RESUMEN: El motivo supremo de Dios en la creación no es para algo fuera de sí mismo, sino para su propia gloria, manifestado en la revelación *en* y *por* criaturas de la misma infinita perfección de su ser» (Strong).

III. Preservación

1. DEFINICIÓN

Preservación puede definirse como «aquella actividad continua de Dios por la cual Él mantiene en existencia las cosas que ha creado, con todas las propiedades y poderes con que Él las dotó» (Strong).

NOTA.— La creación tiene que ver con el origen de las cosas; la preservación, con su continuación.

2. PRUEBAS

Los siguientes pasajes revelan y comprueban la divina preservación: Neh. 9:6; Sal. 36:6; 145:20; Hch. 17:28; Co. 1:17; He. 1:2-3.

NOTA.— El Salmo 105 ha sido llamado un «largo himno al poder preservador de Dios que mantiene vivas a todas las criaturas, tanto pequeñas como grandes».

3. MÉTODO

¿Cómo se mantiene la preservación? Hay tres puntos de vista:

1) DEÍSMO

«Este punto de vista presenta al universo como un mecanismo que se sostiene a sí mismo, del cual Dios se retiró tan pronto como lo hubo creado, dejándolo a un proceso de desarrollo propio» (Strong). Cabe la ilustración de un reloj, que se le da cuerda y se le deja enseguida correr solo. La principal objeción a esta enseñanza es que lógicamente niega toda intervención de Dios en su universo, en la introducción de vida, en la encarnación, en la regeneración, la historia, en todos los acontecimientos providenciales, y en las contestaciones a la oración.

2) Creación Continua

«Este punto de vista considera al universo como una nueva creación cada momento, y de momento a momento» (Strong). Las principales objeciones a esta enseñanza son: *a*) niega el testimonio del sentido o sensibilidad al imperio de las leyes naturales; *b*) ensalza la omnipotencia de Dios a expensas de su amor y santidad; *c*) niega nuestra propia existencia personal objetiva, destruyendo así toda responsabilidad por nuestros actos en la esfera moral.

3) Poder Divino Operando por Fuerzas Naturales

Este punto de vista, que consideramos el verdadero, puede ser explicado en la siguiente forma: «Aunque Dios haya establecido un orden de fuerzas naturales, sin embargo, Él ejerce, con su poder, una actividad especial y continua en el sostenimiento del universo. Esa actividad es la actividad de Cristo, quien es el agente mediador en la preservación, como también en la creación (He. 1:3). Éste pasaje nos da una base para decir que la ley natural es solamente otro nombre para el ejercicio de la voluntad personal de Dios.

IV. La Providencia

1. Definición

Podemos definir la Providencia como «aquella agencia continua de Dios por la cual hace que todos los acontecimientos del universo, en lo físico y en lo moral, cumplan el designio original para lo cual lo creó» (Strong).

NOTA.— Mientras la creación tiene que ver con el principio de las cosas, y la preservación con su continuidad, la providencia tiene que ver con su desarrollo y fruición. En otras palabras la creación se refiere a la existencia; la preservación a la mantención; y la providencia al cuidado y control de todas las cosas. La Providencia en este caso significa tanto la previsión (ver con anticipación, como provisión— cuidar con anticipación.

2. PRUEBAS

Las Escrituras dan testimonio de:

1) UN GOBIERNO Y CONTROL PROVIDENCIAL GENERAL

a) Sobre el universo en general, Sal. 103:19; Dn. 4:35; Ef. 1:11.

b) Sobre el mundo físico, Job 37:5-10; Sal. 104:14; 135:6, 7; Mt. 5:45; 6:30.

c) Sobre la creación animal, Sal. 104:21, 28; Mt. 6:26: 10:29.

d) Sobre los asuntos de las naciones, Job 12:23; Sal. 22:28; 66:7; Hch. 17:26.

e) Sobre el nacimiento y situación del hombre en esta vida, 1 S. 16:1; Sal. 139:16; Is. 46:5; Jer. 1:5; Gá. 1:15- 16.

f) Sobre los éxitos o fracasos exteriores de la vida de los hombres, Sal. 75:6-7; Lc. 1:52.

g) Sobre cosas aparentemente accidentales e insignificantes, Pr. 16:33; Mt. 10:30.

h) En la protección de los justos, Sal. 4:8; 5:12; 63:8; 91:3; Ro. 8:28.

i) En suplir las necesidades del pueblo de Dios, Gn. 22:8-14; Dt. 8:3; Fi. 4:19.

j) En las contestaciones a la oración, Sal. 68:10; Is. 64:4; Mt. 6:8, 32, 33.

k) En manifestar y castigar a los malos, Sal. 7:12-13; 11:6; 2 P. 2:9; Ap. 20:11-15.

Además de esto, las Escrituras dan testimonio de:

2) UN GOBIERNO Y CONTROL QUE ALCANZA HASTA LOS ACTOS DE LOS HOMBRES

a) A los actos libres de los hombres en general, Éx. 12:36; 1 S. 24:18; Sal. 33:14-15; Pr. 16:1; 19:21; 20:24; 21:1; Jer. 10:23; Fil. 2:13; Ef. 2:10; Stg. 4:13-16.

b) A los actos pecaminosos de los hombres, 2 S. 16:10; 24:1; Ro. 11:32; 2 Ts. 2:11-12.

NOTA N.° 1.— Respecto a los actos pecaminosos o malos de los hombres, la Providencia de Dios es:

1. Preventiva: deteniendo el pecado, Gn. 20:6; 31:24; Sal. 19:13; Os. 2:6.

2. Permisiva: no deteniendo el pecado, 2 Cr. 32:31; Sal. 17:13-14; 81:12-13; Is. 53:4-10; Os. 4:17; Hch. 14:16; Ro. 1:21-28; 3:25.

3. Directiva: predominando sobre el mal para bien. Gn. 50:20; Sal. 76:10; Is. 10:5-7; Hch. 4:27-28.

4. Determinativa: limitando su alcance y efectos: Job 1:12; Sal. 124:2-3; 1 Co. 10:13; 2 Ts. 2:7; Ap. 20:2-3.

NOTA N.° 2.— En la segunda clase, o sea Permisiva, podemos colocar los pasajes tocante a Faraón, Éx. 4:21; 7:13; 8:15; Ro. 9:17, 18.

3) CLASES

La Providencia de Dios es de dos clases, a saber: *incondicional y condicional*:

1. *Incondicional*

Hay una Providencia de Dios que no depende, en ninguna forma, del cumplimiento de condiciones por sus súbditos. Esta Providencia se extiende sobre:

1. El universo físico, Sal. 103:19; 135:6, 7; Dn. 4:35; Ef. 1:11; He. 1:3.

2. El mundo vegetal, Mt. 6:18-20.

3. La creación animal, Sal. 104:21, 27; Mt. 6:26; 10:29.

4. El hombre, en cuanto a ciertas comodidades, Mt. 5:45; Heb. 14:17; 17:28.

2. *Condicional*

Hay una Providencia de Dios que depende del cumplimiento de condiciones por sus súbditos. Estas condiciones sólo pueden ser cumplidas por verdaderos creyentes en Él. Son: Obediencia, oración, fe, confianza, Jn. 14:13, 14; 15:7; Mr. 11:24; Fil. 4:6, 7; Stg. 5:15-16.

NOTA.— La Providencia Incondicional es a veces llamada «La Providencia General»; y la Providencia Condicional, «La Providencia Especial».

Tercera Doctrina - Angelología

1. DEFINICIÓN

Podemos definir a los ángeles como «seres celestiales, finitos e incorpóreos» (Sal. 8:5; Mt. 22:30).

2. NATURALEZA

1. En cuanto a su sustancia, la Biblia los llama espíritus: 1 S. 16:14-16, 23; 18:10; 1 R. 22:21; Mr. 9:20-25; Lc. 7:21; 8:2; 24:39; Hch. 19:12-15; 1 Ti. 4:1.

2. Los representa como seres que están más allá de las conocidas leyes de la materia. Nm. 22:23; 1 Cr. 21:16-27; Hch. 12:7.

3. En cuanto a inteligencia, son superiores al hombre en su actual estado. 2 S. 14:17-20; Mt. 18:10; 24:36; 1 Ti. 3:16; 5:21; 1 P. 1:12.

4. En cuanto a poder, son superiores al hombre en su actual estado. Sal. 103:20; 2 Ts. 1:7; 2 P. 2:11; Ap. 5:2; 10:1; 20:1-3.

5. Son distintos al hombre y fueron creados antes que éste, aunque no sabemos cuándo. 1 Co. 6:3; He. 1:14; 2:16; 12:22-23; Gn. 2:1; Job 38:7.

6. Constituyen una compañía, en distinción de una raza. Mt. 22:30; Lc. 20:36; He. 2:16.

7. Como seres o inteligencias creadas y finitas, ellos no son omniscientes, omnipotentes ni omnipresentes. Esto lo inferimos de las Sagradas Escrituras.

Las Escrituras dividen a los ángeles en dos clases, a saber: ángeles buenos y ángeles malos.

I. Ángeles buenos

1. NATURALEZA

Son sin pecado. Esto lo inferimos de los nombres que les son dados: «santos ángeles», Mr. 8:38; «ángeles escogidos», 1 Ti. 5:21.

2. MORADA

El cielo es su hogar. Mt. 18:10; Mr. 12:25; Lc. 1:19; 12:8, 9; 15:10. Sin embargo, frecuentan mucho la tierra: Gn. 28:12; Jn. 1:51. En estos dos últimos pasajes vemos a los ángeles ascendiendo y descendiendo, pero no descendiendo y ascendiendo.

3. NÚMERO

Aunque finito, sin embargo, el número de ángeles está más allá del poder de computación: Dt. 33:2; Sal. 68:17; Dn. 7:10; Mt. 26:53; Lc. 2:13; He. 12:22; Ap. 5:11.

4. ORGANIZACIÓN

Los ángeles parecen estar organizados en varios rangos, con su correspondiente autoridad: Lc. 2:13; Ro. 8:38; Ef. 1:21; 3:10; Co. 1:16; 2:10; 1 P. 3:22. Las inteligencias celestiales han sido clasificadas en la siguiente forma: arcángeles, ángeles, principados, autoridades, poderes, tronos y dominios. Por supuesto, este orden o arreglo es sólo una conjetura, porque el orden de rango no está claramente revelado.

NOTA.— Las Escrituras dan los nombres de dos seres celestiales. Éstos son Miguel (en hebreo «el que es semejante a

Dios»), llamado arcángel, en Jud. 9. Véase también Dn. 10:13, 21; 12:1; Ap. 12:7. El otro es Gabriel (en hebreo «héroe de Dios»), quien ha sido llamado arcángel por Milton. Dn. 8:16-26; 9:21-22; Lc. 1:19-26. Miguel parece ser el mensajero de ley y juicio; Gabriel, de misericordia y promesas.

5. MINISTERIO

1. Ellos están en la presencia de Dios y lo adoran. Sal. 29:1, 2; 89:7; Mt. 18:10.
2. Ellos se gozan en las obras de Dios. Job 38:7; Lc. 15:10.
3. Ellos ejecutan la voluntad de Dios.

a) Obrando en la naturaleza. Sal. 103:20; 104:4; He. 1:7.

b) Dirigiendo los asuntos de las naciones. Dn. 10:12; 13:21; 11:1; 12:1.

c) Velando sobre los intereses de las iglesias particulares. Ap. 1:20. Hay algunos que interpretan la frase «los ángeles de las siete iglesias», en el versículo citado, como «los pastores de las siete iglesias».

d) Ayudando y protegiendo a los creyentes individuales. 1 R. 19:5; Sal. 91:11; Dn. 6:2; Mt. 4:11; 18:10; Hch. 12:15; Hb. 1:14.

NOTA.— Hay «ángeles de la guarda», pero no hay base para decir que cada persona tiene su ángel custodio o de guardia especial. En caso de necesidad hay hasta doce legiones de ángeles a disposición del creyente. Sal. 34:7; 91:11; Mt. 18:10; Hch. 12:8-11. También en Gn. 48:16; Mt. 26:53.

e) Castigando a los enemigos de Dios. 2 R. 19:35; Hch. 12:23.

NOTA.— Hay ciertos hechos interesantes acerca de los ángeles:
1. No se casan ni mueren. Mt. 23:30; Lc. 20:35, 36.
2. Comen. Sal. 78:26.
3. No deben ser adorados. Co. 2:18.
4. Han sido vistos por los hombres. Gn. 32:1, 2; Lc. 2:9, 13; Jn. 20:12.

5. Llevan a la gloria a los siervos de Dios. Lc. 16:22.
6. Juntarán a los escogidos de Dios. Mt. 24:31.
7. Dieron la ley. Hch. 7:35; Gá. 3:19.
8. Acompañarán a Cristo en su venida, Mt. 25:31, 32; 2 Ts. 1:7, 8.
9. Ejecutarán el juicio de Dios contra los impíos. Mt. 13:24-30, 39-42, 47-50.

La idea popular es que los ángeles tienen alas, pero esto parece no tener base bíblica.

6. EL ÁNGEL DEL PACTO

En el Antiguo Testamento hay frecuente mención de un personaje celestial «que obra en el nombre de Jehová, y cuyo nombre se usa en la misma forma que el de Jehová, y que recibe honores y reverencia divina». Los nombres dados a este ser celestial son: el ángel, Ángel de Jehová, Ángel de la Presencia, Ángel o Mensajero del Pacto. No puede ser otro que una manifestación preencarnada (una Cristofanía) del Logos, de Cristo mismo. Génesis 16:10-13; 18:16-22; 22:11, 12; 32:24-32; 48:16; Éx. 3:2; 23:20-25; 32:34; 33:2, 14; Jos. 5:13- 15; Jue. 2:1-5; 6:12-24; 13:3-21; Is. 63:9; Zac. 1:11, 12; Mal. 3:1.

7. SERAFÍN Y QUERUBÍN

El *Serafín* de Isaías, los *seres vivientes* de Apocalipsis y el *Querubín* de Génesis, Éxodo y Ezequiel, probablemente deben ser considerados como «apariencias simbólicas que representan a la humanidad redimida dotada con todas las perfecciones perdidas en la caída, y preparados como la morada de Dios». Algunos sostienen que el querubín es simbólico de los atributos divinos, otros insisten en que representan el dominio sobre la naturaleza. El doctor Strong los considera como «símbolos de la naturaleza, dominados por la energía divina y subordinados a los propósitos divinos, pero son símbolos de la naturaleza sólo porque son símbolos del hombre en su doble capacidad de *imagen de Dios y sacerdote de la naturaleza.*

NOTA.— En cuento al querubín:

1) No son seres personales, sino figuras artificiales, provisorios, simbólicos.

2) Aunque ellos mismos no tienen existencia personal, son símbolo de ella. Son símbolo, no de las perfecciones divinas o angélicas, sino de la naturaleza humana, Ez. 1:5.

3) Son emblemas de la naturaleza humana, no en su estado actual de desarrollo, sino poseídos de todas las perfecciones originales; y por esto, la forma animal más perfecta —el real coraje águila— son combinados con la del hombre. Ez. 1; 10; Ap. 4:6-8.

4) Estas formas de querubín no son meras perfecciones materiales o terrenales, sino la naturaleza humana espiritualizada y santificada.

5) Ellos simbolizan la naturaleza humana exaltada para servir de morada de Dios. Por esto las cortinas interiores del tabernáculo estaban tejidas con las figuras de querubines. Éx. 26:1; 37:6-9. Si bien es cierto que la espada en la puerta del Edén era simbólica de justicia, sin embargo, el querubín era símbolo de misericordia, guardando el «camino al árbol de la vida» para el hombre, hasta que el Paraíso sea recuperado por medio de sacrificio y renovación, Gn. 3:24.

II. Ángeles malos

1. NATURALEZA

Son pecaminosos. Esto lo inferimos de los nombres que les fueron dados: «el diablo y sus ángeles», Mt. 25:41; «inmundo», Mt. 12:45; «malos», Hch. 19:13.

2. MORADA

Las Escrituras les asignan varios lugares: «Infierno», 2 P. 2:4 (griego, tartarus). «Oscuridad», Jud. 6. (Abismo), Lc. 8:31 (griego, pozo del abismo), Ap. 9:1, 2, 11. Pero también tienen acceso a las regiones del aire y hasta los lugares celestiales. Ef. 2:2; 6:12.

3. Número

Aunque es limitado el número de ángeles malos, su número exacto es desconocido. Mt. 25:41; 2 P. 2:4; Jud. 6.

4. Organización

Parece que tienen distintos rangos de autoridad, siendo Satanás su jefe. Ef. 6:12; Col. 2:15; Jn. 12:31; 14:30; 16:11.

5. Ministerio

1. Ellos se oponen a Dios y tratan de hacer fracasar su voluntad, Job 1:6; Zac. 3:1; Mt. 13:39; 1 P. 5:8; Ap. 12:10.

2. Impiden el bienestar temporal y eterno del hombre —a veces ejerciendo cierto control sobre el fenómeno natural —pero generalmente incitan e impulsan al hombre a la tentación, Job. 1:12; 16, 19; 2:7; Lc. 13:11, 16; Hch. 10:38; 2 Co. 12:7; 1 Ts. 2:18; He. 2:14. También en Gn. 3:1; Ap. 20:2; Mt. 4:3; Jn. 13:27; Ef. 2:2; 1 Ts. 3:5; 1 P. 5:8.

NOTA.— La tentación es negativa y positiva —la buena semilla es quitada y la cizaña es sembrada. Mr. 4:15; 13:38, 39. Satanás tiene muchos ángeles y ángeles por los cuales consigue su propósito.

3. Sin embargo, y a pesar de ellos mismos y de sus malos propósitos, ejecutan el plan de Dios para el castigo de los impíos, disciplinan a los buenos, e ilustran la naturaleza y suerte de la maldad:

a) Castigando a los impíos. 1 R. 22:23; Sal. 78:49.

b) Disciplinando a los buenos. Job capítulos 1 y 2; 1 Co. 5:5; 1 Tim. 1:20; Lc. 22:31. En cuanto al pasaje de 1 Co. 5:5, «siendo entregado a Satanás para muerte en la carne», parece que abarca cuatro cosas: excomulgación de la Iglesia, aplicación de enfermedad corporal, pérdida de protección de los ángeles buenos, que ministran únicamente a los santos, y la sumisión o entrega a los tormentos de Satanás.

c) Ilustrando la naturaleza y destrucción de la maldad. Mt. 8:29; 25:41; 2 Ts. 2:8; Stg. 2:19; Ap. 12:9, 12; 20:10.

NOTA.— La condición actual de los ángeles malos parece deberse a una apostasía primitiva, tal vez en el tiempo de la caída de Satanás. Mt. 25:41; 2P. 2:4; Jud. 6.

PREGUNTA.— ¿Fueron los ángeles malos los habitantes originales de la tierra, y fue la condición de la tierra descrita en Gn. 1:1 (desordenada y vacía) un juicio por su pecado? En Is. 45:18 leemos que Dios «no crió la tierra en vano», sino «para que fuese habitada la crió». La palabra en Is. 45:18 «no en vano» es la misma usada en Gn. 1:2, «vacía». Si es verdad este punto de vista, entonces tenemos la siguiente situación, Gn. 1:1 describe la creación, Gn. 1:2a describe la desolación, Gn. 1:2b describe la restauración. En otras palabras tenemos formación, deformación, reformación.

III. Demonios

1. Nombre

«Diablo» es la traducción de la palabra griega «diabolos», o sea Calumniador, que es un sustantivo usado en forma singular y exclusivamente para Satanás, Mt. 4:1-5. «Demonio» es la traducción de la palabra griega «daimon» o «daimonion», en plural «daimonia». El verdadero significado de la palabra es desconocido; según Platón, significa «conocimiento» o «inteligencia» indicando tal vez el conocimiento superior que esos seres poseen.

2. Naturaleza

No se sabe de fijo si se deben clasificar los demonios con los ángeles malos, pero lo que podemos decir es:

1. Son inteligencias personales. Mt. 8:29, 31.
2. Son espíritus sucios, viciosos y maliciosos. Mt. 8:28; 10:1; 12:43; Mr. 1:23; 5:2-5; 9:17, 20; Lc. 6:18; 9:39.
3. Son emisarios de Satanás. Mt. 12:22-30.
4. Son tan numerosos que, práctica y representativamente, Satanás está presente en todas partes. Mt. 12:26, 27; 35:41.

3. ORIGEN

El origen de los demonios no es revelado en las Escrituras. Una conjetura es que son espíritus incorpóreos, tal vez de una generación preadámica. Si son espíritus sin corporeidad, que han perdido sus cuerpos, tendríamos la explicación del hecho que buscan corporeidad, o sea, incorporarse en un cuerpo humano, sin lo cual, al parecer, no pueden ejecutar sus maldades. Mt. 12:43-44; Mr. 5:10-12.

4. PODER

1. Ellos conocían a Cristo y reconocían su suprema autoridad. Mt. 8:29, 31; Mr. 1:24; Hch. 19:15; Stg. 2:19.
2. Conocen a los verdaderos creyentes en Jesús, y obedecen a la autoridad o poder del nombre de Jesús. Mt. 10:8; Mr. 16:17; Lc. 10:17-20; Hch. 19:15.
3. Saben que su fin será el sufrimiento eterno. Mt. 8:29; Lc. 8:31; Ap. 20:3, 10.
4. Entran y controlan los cuerpos de hombres y bestias. Mr. 5:8, 11-13.
5. Azotan con enfermedades físicas. Mt. 9:33; 12:22; Lc. 9:37-42.
6. Causan malestar mental. Mr. 5:4, 5.
7. Producen impureza moral. Mt. 10:1; Mr. 5:2.

5. Posesión versus Influencia

El Nuevo Testamento nos da la base para distinguir entre «ser poseídos por demonios», y ser «influenciado por demonios». Solamente los incrédulos pueden ser «poseídos por demonios». Y los creyentes en Cristo sólo pueden ser «influenciados por demonios». Casos de posesión demoníaca. Mt. 4:24; 8:16, 28, 33, 9:32; 12:22; Mr. 1:32; 5:15; 16, 18; Lc. 8:36; Hch. 8:7; 16:16.

La influencia de los demonios puede manifestarse en un ascetismo y formalismo religioso (1 Ti. 4:1-3), que degenera en impureza (2 P. 2:10-12). La señal o evidencia de la «influencia demoníaca» en la religión es el «apartarse de la fe», o sea del cuerpo de Verdad revelada en las Escrituras (Ti. 4:1). Los demonios mantienen conflicto continuo con los creyentes que desean ser espirituales (Ef. 6:12; 1 Ti. 4:1-3). Todos los incrédulos son propensos a posesión demoníaca (Ef. 2:2). Los recursos del creyente en esta lucha son: la oración y el control o dominio de su cuerpo (Mt. 17:21) por vestirse de toda la armadura de Dios» (Ef. 6:13-18).

6. Posesión versus Enfermedad

Siguiendo las enseñanzas de los Evangelios, debemos tener cuidado para distinguir entre la posesión demoníaca por un lado, y las enfermedades físicas y mentales por otro lado. Estos últimos casos se mencionan en los siguientes pasajes: Mt. 4:24; 8:16; 9:20-35; 10:1; 14:35; Mr. 1:32, 34; 3:15; Lc. 4:40; 6:17, 18; 9:1. Tengamos presente que atribuir las enfermedades físicas y mentales corrientes a la posesión, opresión e influencia de demonios, es un acto anticristiano y antibíblico. Nosotros sostenemos que un hijo de Dios que es rendido y completamente santificado no puede ser sujeto a la posesión demoníaca en espíritu, cuerpo o alma. 2 Co. 6:14-18; Ef. 5:18; 1 Ts. 5:23.

NOTA.— El doctor Farr da las siguientes pruebas para describir a los demonios: «Generalmente aparecen en las tinieblas. Niegan la personalidad de Satanás. Aborrecen el nombre del Señor Jesús. Desprecian y desechan la inspiración de las Sagradas Escrituras.» Hablando del espiritismo dice el mismo autor: «Algunos de los efectos desastrosos del espiritismo son trastornos mentales, malgasto de fortuna, destrucción de hogares felices, y el naufragio de la fe religiosa.»

7. DEMONOLOGÍA

La Palabra de Dios menciona y condena siete formas de demonología, a saber.

1. Adivinación, Gn. 44:5; Os. 4:12.
2. Nigromancia o magia negra, 1 S. 28:8; 2 Cr. 33:6.
3. Pronosticación, Ez. 21:12.
4. Magia, Gn. 41:8; Éx. 7:11; Dn. 4:7.
5. Hechicería, Is. 47:9-13; Hch. 19:19; Ap. 22:15.
6. Encantamiento, 1 S. 15:23; 1 Cr. 10:13; Gá. 5:20.
7. Ventriloquía y Espiritismo, Is. 8:19.

Si leemos el pasaje en Dt. 18:9-14, vemos que Dios ha prohibido estrictamente todas aquellas cosas. Y si seguimos leyendo los versículos 15-19 veremos que estamos encerrados y limitados a Cristo y a su suprema autoridad. Con lo siguiente estamos de acuerdo: «Lo que hubiere del fenómeno del esporitismo que sea de origen sobrenatural, ha sido considerado por muchos como obra directa de espíritus malos que pretenden representar a amigos finados, o que obran en otra forma para llamar la atención y admiración, y enredar a los incautos y descuidados; hay también otros que consideran todo el sistema como un fraude cometido por medios bajos para ganar dinero, e indudablemente gran aprte de todo esto podría ser explicado sobre esta base.

IV. Satanás

1. EXISTENCIA PERSONAL

Las enseñanzas claras de las Escrituras no dejan lugar a dudas sobre la existencia de un diablo personal: Job 1:6-12; 2:1-7; Zac. 3:1-2; Mt. 4:1-11; Lc. 10:18; Jn. 13:2; Hch. 5:3; Ef. 6:11-12; 1 P. 5:8; Ap. 20:1-3.

NOTA.— El diablo no es sólo una fuerza impersonal, ni tampoco el principio de maldad personificado. Se le atribuyen nombres y pronombres personales, y también atributos y hechos.

2. NOMBRES

Los principales nombres bíblicos atribuidos al diablo son los siguientes:

1. Abaddon, destruidor, Ap. 9:11.
2. Apollyon, destructor, Ap. 9:11.
3. Beelzebub, príncipe de demonios, Mt. 12:24-27.
4. Belial, vileza, 2 Co. 6:15.
5. Diablo, calumniador, Mt. 4:1.
6. Satanás, adversario. Zac. 3:1; 1 P. 5:8.
7. Gran Dragón, Ap. 12:9.
8. Dios de este mundo (siglo), 2 Co. 4:4.
9. Mentiroso y homicida, Jn. 8:44.
10. Lucifer, lumbrera, Is. 14:12.
11. Príncipe de este mundo. Jn. 12:31.
12. Príncipe de la potestad del aire, Ef. 2:2.
13. Serpiente Antigua, Ap. 23:9.
14. Tentador, 2 Ts. 3:5.
15. El Malo, Mt. 13:19.

3. CARÁCTER Y POSICIÓN ORIGINAL, Y SU APOSTASÍA

La enseñanza de las Escrituras sobre el diablo muestra que éste fue creado perfecto en sus caminos, de gran hermosura y lucidez de persona, y ensalzado en cuanto a posición y honra; pero como resultado del orgullo por su propia superioridad, se apropió para sí la adoración que sólo pertenecía a Dios; la consecuencia de su pecado fue ser degradado en persona, posición y poder, llegando a ser el enemigo de Dios y del hombre. Is. 14:12-17; Ez. 28:1-19; Co. 1:16; 1 Ti. 3:6; 2 P. 2:4; Jud. 6:9.

Se levanta una interesante pregunta tocante al pasaje de Ezequiel 28:1-19. ¿Será ésta una descripción del estado original de Satanás? Hay dos personajes que están a la vista: primero, el príncipe de Tiro (versículos 1:10) y segundo el rey de Tiro (vv. 11-19). El príncipe de Tiro parece referirse primeramente a Ethbaal II, y los versículos 1-10 fueron cumplidos en el sitio de Tiro por Nabucodonosor, que duró trece años (598-585 a.C.).

El rey de Tiro y los versículos 11-19 parecen referirse, en parte, a un monarca mundanal, y en parte, a un personaje sobrenatural. Es generalmente creído por estudiantes devotos y conservadores que el rey de Tiro debe ser considerado como un representante o reencarnación (un tipo) de Satanás. Y los versículos 11:19 como una descripción del carácter y posición original de Satanás y su apostasía.

Notemos los siguientes puntos al respecto:

1. Satanás era lleno de sabiduría, era perfecto en hermosura, «echaba el sello a la proporción» (tal vez en creación perfecta) (v. 12).

2. Estaba en Edén, el huerto de Dios (v. 13). Hay personas que creen que se trata de un edén mineral, primitivo o anterior al de Génesis. Hay también estudiantes que creen que estas piedras preciosas mencionadas formaban una especie de «ephod» como usaban los sumosacerdotes, Éx. 28:15; 39:8.

3. Era el querubín grande, cubridor (v. 14a). Cubridor se refiere seguramente a sus alas que cubrían, como los querubines a Ezequiel. Éx. 25:20; 37:9.

4. Estaba en el santo monte de Dios (v. 13b).

6. Era perfecto en todo sentido, hasta su apostasía (v. 15).

7. Su corazón se enalteció a causa de su hermosura, su sabiduría se corrompió a causa de su resplandor (v. 17a).

8. Fue echado del monte de Dios (v. 16).

9. Fue degradado en cuanto a posición, y rebajado en carácter (vv. 17b, 18).

10. Llegó a ser enemigo del hombre (v. 19).

4. SU MORADA

Deducimos de las Escrituras que Satanás no está limitado a algún lugar fijo:

1. Él tiene acceso al cielo, Job 1:16; Zac. 3-1; Lc. 10:18; Ap. 12:7-12. Los últimos dos pasajes se refieren a hechos aún futuros.

2. Tiene acceso a los «lugares celestiales», Ef. 6:11, 12.

3. Rodea la tierra y anda por ella, Job. 1:7; 2:2; 1 P. 5:8.

4. Su «propio lugar» es el infierno, Ap. 9:11; Mt. 25:41.

5. SU PODER Y OBRA

1. Satanás es el autor del pecado en el universo, Is. 14:13, 14. «Yo haré», «yo subiré».

2. Es el autor del pecado en el mundo, Gn. 3:1-6.

3. Es autor de enfermedades, Lc. 13:16; Hch. 10:38.

4. Es el autor de la muerte, He. 2:14.

5. Tienta al hombre para que cometa pecados, 1 Cr. 21:1; Mt. 1:1, 3, 5, 6, 8, 9.

6. Coloca el lazo para el hombre, 1 Ti. 3:7.

7. Pone pensamientos y propósitos malos en el corazón de los hombres, Jn. 13:2; Hch. 5:3.

8. Ciega a los corazones humanos, 2 Co. 4:4.

9. Entra, o se encarna en los hombres, Jn. 13:27.

10. Arrebata o quita la buena simiente de la Palabra, Mr. 4:15.

11. Siembra cizaña entre el trigo, Mt. 13:25.

12. Dará gran poder al Anticristo, 2 Ts. 2:9; 10; Ap. 13:2.

13. Se transforma en ángel de luz, 2 Co. 11:14, 15. También lo hacen sus ministros o mensajeros.

14. Molesta a los siervos de Dios, 2 Co. 12:7.

15. Resiste a los siervos de Dios. Dn. 10:13; Zac. 3:1.

16. Los obstaculiza, 1 Ts. 2:18.

17. Los zarandea, Lc. 22:31.

18. Acusa a los hermanos, Ap. 32:9, 10.

19. Sujeta al mundo «como niños dormidos en sus brazos», 1 Jn. 5:19. (Maldad significa el «maligno».)

NOTA.— Los métodos favoritos de ataque de Satanás son:
1. Intimidación, 1 P. 5:8.
2. Seducción, 2 Co. 11:3.
3. Destrucción, Mt. 10:28.
Él atemoriza, atrae o mata.

6. SUS LIMITACIONES

Aunque Satanás es un personaje sobrenatural, sin embargo, es finito; no omnisciente, ni omnipotente, ni omnipresente. Por supuesto, es más sabio y más fuerte que el hombre. Jud. 9. Por medio de sus muchísimos mensajeros parece que estuviera en todas pares a la vez. Es dudoso que el hombre llegue alguna vez a estar en conflicto personal con Satanás mismo; las tentaciones que vienen de Satanás, vienen, salvo en casos extraordinarios, por intermedio de ángeles malos o demonios. Pero, notemos que todo el poder que ejerce Satanás es sólo por el permiso de Dios. De modo que vemos que:

1. Él no puede tentar a un creyente sin permiso de Dios, Mt. 4:1.

2. No puede causar enfermedad sin el permiso de Dios, Job 1:10, 12.

3. No puede matar sin permiso de Dios, Job. 2:6; He. 2:14.

4. No puede ni tocarnos sin el permiso de Dios, Job 1:10-12; 2:6; Lc. 22:31; 1 Jn. 5:18.

5. Huye cuando se le resiste, Stg. 4:7.

7. SU DESTINO

A nuestros primeros padres fue dada la promesa (Gn. 3:15) que la simiente de la mujer heriría la cabeza de la serpiente. la serpiente es Satanás, Ap. 12:9. Observemos los siguientes pasos históricos en el cumplimiento de esta promesa:

1. Virtualmente, este acto de herir la cabeza de la serpiente fue cumplido por Cristo en la cruz, Jn. 12.31; Co. 2:15; He. 2:14; Jn. 3:8. El diablo es un enemigo derrotado, y él lo sabe.

2. Durante el presente siglo su poder es restringido o limitado (como ya lo hemos visto), pudiendo obrar sólo por permiso de Dios.

3. Durante el milenio será confinado en el abismo, Ap. 20:1-3.

4. Después del milenio será suelto «por un poco de tiempo», Ap. 20:3b; 7-9.

5. Finalmente, será lanzado al lago de fuego y azufre, y allí será atormentado para siempre jamás, Ap. 20:10. ¡Alabado sea Dios!

8. EL DEBER DE LOS CRISTIANOS

El deber de los cristianos, tocante a Satanás, está claramente enseñado en las escrituras:

1. Debemos ser templados y velar, 1 P. 5:8.

NOTA.— No hay base bíblica para desafiar al diablo o jactarse sobre él. Además, no es sabio apocar ni ensalzar el poder del enemigo, sino estimarlo en su verdadero valor.

2. No debemos reprenderlo ni hablar mal de él, Zac. 3:1, 2; 2 P. 2:10; Jud. 8, 9.

NOTA.— Lo más sabio es no hablar con el diablo. Cuando él nos habla, debemos referirlo al Espíritu Santo, quien es nuestro protector.

3. No debemos ignorar sus maquinaciones, 2 Co. 2:11.
4. No debemos darle lugar, Ef. 4:27.
5. Debemos resistirle, Stg. 4:7; 1 Jn. 2:13.

NOTA.— Resistir no significa discutir o apelar, sino mantenerse firme. Ef. 6:13. Tampoco significa retirarse o huir. Resistámosle, y él huirá, Stg. 4:7.

6. Sólo podemos vencerlo cuando estamos vestidos de «toda la armadura de Dios», Ef. 6:13-18; 1 Jn. 5:18.

NOTA.— El doctor Pierson dice que el diablo aparece en muchas formas, caracteres y actividades, como los siguientes:
1. Como cazador, preparando sus redes, Pr. 1:17.
2. Como conquistador, amarrando y esclavizando, Lc. 13:11, 16; 2 Ti. 2:26.
3. Un sembrador de cizaña en el campo, Mt. 13:39.
4. Un zarandeador con su zaranda, Lc. 22:31-34.
5. Un engañador, que engaña y ciega a sus víctimas, 1 R. 22:21-23; Mt. 24:24; 2 Co. 11:14.
6. Un destructor con su azote, Job 1 y 2; 2 Co. 12:7-10.
7. Un guerrero, armando a los pecadores, Ap. 20:7-9.
El mismo autor menciona los siguientes artificios de Satán.
1. Diversión, que consiste en desviar la mente de lo grande a lo pequeño, de lo invisible y eterno a lo visible y temporal, 2 Co. 4:4.
2. Decepción, por mentiras, engaños, negaciones, evasivas, tergiversaciones. Gn. 3:4; Ez. 13:22; a Co. 11:14; Ef. 6:11; 2 Ts. 2:11.

3. Insidioso, por compromisos, incitando a servir a Dios y a Mammón, Mt. 6:24; 2 Co. 6:14, 15; 7:1.

4. Dudas, induce a la indecisión, Ro. 14:23.

5. Tinieblas, envolviendo el alma en tinieblas, por medio de la imaginación, de dificultades, de separación de Dios, o de desaliento, Is. 50:10.

6. Inercia, sustituyendo «obras muertas» por la piedad viva, etc., Heb. 6:1; 9:14.

7. Dilación, aplazando todo lo bueno, guiando a los hombres a que aplacen el tiempo de decisión o acción. Hch. 24:25; 26:28.

NOTA N.º 2.— El doctor Strong da un notable contraste entre el Diablo y el Espíritu, lo que damos a continuación.

1. La serpiente y la paloma.

2. El padre de mentiras y el Espíritu de verdad.

3. Hombres poseídos por espíritus mudos, y hombres dando gloriosa expresión en diversas lenguas.

4. El homicida desde el principio, y el Espíritu vivificador que regenera al alma y vivifica al cuerpo.

5. El adversario y el ayudador.

6. El calumniador y el abogado o intercesor.

7. El zarandeo de Satán y el aventamiento del Espíritu.

8. La inteligencia organizadora y maligna del malo, y la obra del Espíritu combinando todas las fuerzas de materia y mente para edificar el reino de Dios.

9. El hombre fuerte armado, y el que es más fuerte.

10. El maligno, que sólo obra lo malo, y el santo, que es el autor de la santidad en el corazón de los hombres.

CAPÍTULO IV

Cuarta Doctrina - Antropología

I. La Creación del Hombre

1. EL HECHO

Las Escrituras enseñan claramente que el hombre fue creado por Dios, Gn. 1:27; 2:7.

NOTA.— Se ha llamado la atención a la presencia del verbo hebreo «bara» (que significa crear), en Gn. 1:27; mostrando la absoluta separación de la humanidad del reino animal.

2. EL MÉTODO

Además, las Escrituras enseñan claramente que el hombre es el resultado de un acto de creación divina inmediata, Gn. 2:7; Job 32:8; Ec. 12:7; Zac. 12:1.

NOTA.— Ni las Escrituras, ni la ciencia, dan lugar a la creencia que el cuerpo humano sea el resultado de una evolución de las formas más bajas de la vida, como tampoco su naturaleza moral ni mental. Dice el doctor Strong: No se ha presentado un solo caso que pruebe la transformación de una especie animal a otra, ni por selección natural ni artificial; tampoco ha sido posible encontrar una sola prueba de que el cuerpo de un bruto se haya desarrollado en un cuerpo humano. Todo sistema de evolución implica progreso, refuerzo de vida, y es inteligible sólo a medida que Dios dé nuevos impulsos al proceso. El punto de vista de que el sistema físico del hombre desciende por generación natural de alguna forma simiesca primitiva, sólo puede ser considerado como hipótesis irracional. Siendo que el alma es una creación inmediata de Dios, y siendo que el cuerpo del hombre es mencionado en las Escrituras en conexión directa con la creación del espíritu, se sigue entonces que el cuerpo del hombre fue también una creación inmediata.

3. UNIDAD DE LA RAZA

Las Escrituras enseñan que toda la raza humana ha descendido de una sola pareja, a saber, de la primera pareja, Adán y Eva, Gn. 1:27, 28; 2:7, 22; 3:20; 5:2, 3; 9:19.

Esta revelación bíblica tiene confirmación cuádruple:

1) DE LA HISTORIA

«Hasta donde ha sido posible estudiar o investigar la historia de las naciones y tribus de los dos hemisferios, toda la evidencia indica un origen y parentesco común en Asia Central.»

2) DE LOS IDIOMAS

«La filología comparativa indica que todos los idiomas importantes han tenido un origen común, y no da ninguna evidencia de que los idiomas menos importantes no hayan tenido el mismo origen común.»

3) DE LA PSICOLOGÍA

La existencia entre todas las familias humanas de características mentales y morales comunes, como se ve de las máximas, tendencias y capacidades generales, y de la prevalencia de tradiciones similares y de la aplicabilidad universal de nuestra filosofía y religión, sólo pueden explicarse por la teoría de su origen común. Es probable que ciertas narraciones comunes a muchas naciones hayan sido transmitidas de una a otra antes que las familias de la tierra fuesen divididas. Entre estas narraciones encontramos la de la creación del mundo, un huerto primitivo, la inocencia, una serpiente, un árbol de conocimiento, una tentación y una caída, un diluvio, un sacrificio, etc.

4) Dae la fisiología

Las razas se mezclan sin impedir la generación. La temperatura normal del cuerpo es igual en todas las razas. El pulso también es igual. Todas las naciones son propensas a las mismas enfermedades. Esto no puede decirse de los animales. Y además, con el microscopio se puede distinguir la sangre humana de la de los animales.

4) VERDADES GEMELAS

El origen de la raza humana de una sola pareja envuelve lo que podemos denominar verdades gemelas:

1. La unidad orgánica de la humanidad en la primera transgresión, y la provisión de salvación para la raza, en Cristo, Ro. 5:12; 1 Co. 15:21, 22; He. 2:16.

2. La hermandad natural de la humanidad y, en consecuencia, nuestra obligación, como creyentes en Cristo, de llevar el conocimiento de Cristo y las bendiciones de su salvación a cada miembro de nuestra raza, descendiente de Adán, Hch. 17:26; He. 2:11; Lc. 10:25-27; Mt. 28:18-20; Mr. 16:15; 16; Lc. 24:46-48; Hch. 1:8; Ro. 1:14-16.

NOTA.— La ciencia conservadora calcula la aparición del hombre en la tierra en 8.000 o 10.000 años a.C. Bíblicamente no hay nada que refute esto, y es la opinión de muchos que no hay cronología fija antes del tiempo de Abraham. La cronología por el Arzobispo Ussher, que es muy corriente hoy día, no tiene mayor autoridad que un acto del Parlamento Británico, y fija el tiempo de la creación del hombre en 4.004 años a.C.

II. Los elementos esenciales del hombre

1. Explicación general

Las Escrituras enseñan claramente que el hombre creado por Dios tiene una naturaleza material y otra inmaterial. La naturaleza material es su cuerpo. Su naturaleza inmaterial se compone de su alma y espíritu. Esto se comprueba por:

1. La narración de la creación del hombre, Gn. 2:7.
2. Pasajes donde se hace distinción entre el alma, el espíritu humano, el espíritu divino y el cuerpo en que habitan, Nm. 16:22; 1 Co. 2:11; He. 12:9; Gn. 35:18; 1 R. 17:21; Ec. 12:7; Stg. 2:26.
3. La mención del cuerpo y alma (o espíritu) componiendo juntamente el hombre completo. Mt. 10:28; 1 Co. 5:3; 3 Jn. 2.

NOTA.— La palabra hebrea generalmente usada para expresar «alma» es «nephesh», y la palabra para expresar «espíritu» es «ruach». La palabra griega para alma «psuche», y la palabra para espíritu es «pneuma». El significado, en el fondo, de estas cuatro palabras, es muy parecido, es a saber, viento, soplo, o sea el principio animador del organismo físico.

2. Tricotomía versus dicotomía

Aquí se levanta la siguiente pregunta: ¿Enseña la Biblia que el alma y el espíritu del hombre son dos entidades separadas, o son meramente dos aspectos o fases de la misma entidad? Hay dos puntos de vista, a saber: Tricotomía y Dicotomía.

NOTA.— La raíz de estas dos palabras es griega, a saber: «temno», cortar, «dika», en dos partes, y «trika» en tres. De modo que Tricotomía significa la naturaleza triple del hombre, y Dicotomía significa la naturaleza doble del hombre.

3. El punto de vista tricótomo

Este punto de vista sostiene que hay tres elementos esenciales en la humanidad, a saber: cuerpo, alma y espíritu. El cuerpo es la parte material, el alma es el principio de vida animal, y el espíritu es el principio de vida inmortal y racional. Este punto de vista mantiene que en la muerte el cuerpo vuelve a la tierra, que el alma deja de existir, permaneciendo únicamente el espíritu, y en la resurrección del espíritu es peculiar y característico del hombre, y posee razón, voluntad y conciencia. El alma, que también es posesión de la creación bruta, está dotada de entendimiento, sentimiento y tacto, o sea percepción. El cuerpo, de hombre y bestia, es, por supuesto, puramente material. Éstas son las doctrinas de los que mantienen el punto de vista tricótomo.

Los tricotómicos presentan los siguientes puntos para apoyar sus doctrinas:

1. La narración de la creación del hombre, Gn. 2:7. Aquí parecen encontrarse tres cosas: el cuerpo formado del polvo de la tierra, el soplo de vida puesto en su nariz, y el alma viviente.

2. El cántico de la virgen, Lc. 1:46, 47. Parece que María aquí distingue entre su alma y espíritu.

3. La oración de Pablo a favor de los tesalonicenses. Aquí el apóstol ora que «todo su cuerpo, alma y espíritu sea preservado intachable hasta la venida del Señor Jesucristo», 1 Ts. 5:23.

4. La descripción de la Palabra de Dios hecha por el autor de la epístola a los hebreos. Heb. 4:12. Aquí la Palabra es presentada como «que penetra hasta partir el alma y aún el espíritu».

NOTA.— Consultemos también las siguientes referencias: 1 Co. 2:14, «el hombre animal» (griego, alma) no percibe las cosas que son del espíritu. 1 Co. 15:44 contrasta el «cuerpo animal» (alma y el cuerpo espiritual). Ef. 4:23: «Y a renovaros en el espíritu de vuestra mente.» Y Jud. 19: «Sensuales [alma] no teniendo el espíritu.»

4. El punto de vista dicótomo

Este punto de vista sostiene que el alma y el espíritu no son dos sustancias o partes, sino que designan el mismo principio inmaterial desde diferentes puntos de vista. El doctor Strong presenta la posición dicotómica como sigue: «La parte inmaterial del hombre, considerada como una vida individual y consciente, capaz de poseer y animar a un organismo físico, es llamada «psuche». Considerada como agente moral y racional y susceptible a la presencia e influencia divina, esta misma parte inmaterial es llamada «pneuma». El pneuma, entonces, es la naturaleza del hombre mirando hacia Dios y capaz de recibir y manifestar el Espíritu Santo; el «psuche» es la naturaleza del hombre mirando hacia la tierra, y teniendo contacto con el mundo. El «pneuma» es la parte más alta del hombre, en cuanto a realidades espirituales, y a su capacidad de tener tal relación. De modo que el ser humano no es tricótomo, sino dicótomo, y su parte inmaterial, aunque poseyendo dualidad de poderes, tiene unidad de sustancia.

Los dicotómicos presentan los siguientes puntos para apoyar sus doctrinas.

1. La narración de la creación del hombre, Gn. 2:7. Mantienen que aquí hay sólo dos partes, a saber: el cuerpo material formado del polvo de la tierra, y la parte inmaterial del principio de vida derivado del soplo de la vida de Dios.

2. El uso permutable de los términos alma y espíritu, Gn. 41:8; Sal. 42:6; Mt. 20:28 (psuche); 27:50; Jn. 12:27; 13:21; He. 12:23; Ap. 6:9; 20:4.

NOTA.— Esto es verdad en cuanto a los vivos tanto como a los muertos.

3. Se usan los dos términos, espíritu y alma, también para la creación animal. Ec. 3:21; Ap. 16:3. (en este último pasaje «alma» se refiere a los peces).

NOTA.— Se cree que el principio de vida en las bestias (sea alma o espíritu) es irracional y mortal; pero en el hombre es racional e inmortal.

4. Se atribuye alma a Jehová, Am. 6:8. (Jehová el Señor ha jurado por sí mismo, o por su alma, V.M., Jer. 9:9; Is. 53:10-12.
5. Los ejercicios más altos de la religión son atribuidos al alma, Mr. 12:30; Lc. 1:46; Heb. 6:18, 19; Stg. 1:21.
6. Perder el alma es perderlo todo, Mr. 8:36, 37.

NOTA.— El testimonio del conocimiento o sentido confirma la posición dicotómica. Cuando miramos dentro de nosotros podemos distinguir la parte material (el cuerpo) de la parte inmaterial —pero ninguno puede discernir entre el alma y el espíritu.

CONCLUSIÓN: En vista de las dos clases de fuertes testimonios o pasajes, parece que las enseñanzas de las Escrituras tocante a la unidad o dualidad del alma y espíritu del hombre no es concluyente o decisiva. De modo que al tratar sobre tales asuntos, donde la Biblia no aclara totalmente la cuestión, el camino más seguro y sabio es no dogmatizar. Además, como dijo el Doctor Miley: «La cuestión en cuanto a tricotomía y dicotomía, no afecta seriamente a ningún punto o verdad importante de la teología cristiana.»

NOTA.— En cuanto al origen del alma hay tres teorías, a saber: preexistencia, creacionismo, y traducianismo. La primera teoría, que se explica sola, no tiene ningún fundamento bíblico. En apoyo de la segunda teoría, que también se explica sola, se presentan los siguientes pasajes: Ec. 12:7; Is. 57:16; Zac. 12:1; He. 12:9. La teoría del traducianismo es que «la raza humana fue creada inmediatamente en Adán, y en lo tocante al cuerpo y alma fueron propagados por él por generación natural, siendo creadas las almas desde Adán sólo indirectamente por Dios, el sostenedor de las leyes de propagación originalmente establecidas por Él». Este último punto de vista está más de acuerdo con las Escrituras, las cuales representan a

Dios como el que creó las especies en Adán (Gn. 1:27), y aumentándolas y perpetuándolas por medios secundarios (Gn. 1:22, 28). Una sola vez se lee el soplo de vida alentado en la nariz del hombre (Gn. 2:7, 22; 4:1; 5:3; 46:26; Hch. 17:21-26; 1 Co. 11:8; He. 7:10), y después de la formación del hombre «Dios descansó de su obra de creación» (Gn. 2:2). Este punto de vista también es favorecido por la analogía entre la vida animal y vegetal, en las cuales se consigue un aumento no por la multiplicidad de creaciones inmediatas, sino por derivación natural de nuevos individuos de los parientes. Además, el punto de vista es sostenido por la transmisión de no sólo las características físicas, sino también de las características mentales, y espirituales en familias y razas, y especialmente en las tendencias morales uniformes hacia lo malo y las disposiciones que poseen todos los hombres desde su nacimiento.

III.   La naturaleza moral del hombre

1.   DEFINICIÓN

Por naturaleza moral del hombre se entiende aquellos poderes que lo capacitan para obrar correcta o incorrectamente. Estos poderes son: *intelecto, sensibilidad*, y *voluntad*, junto con la conciencia y libre albedrío.

Dice el doctor Strong: «En orden a la acción moral, el hombre posee intelecto, o razón, para discernir entre lo bueno y lo malo; tiene sensibilidad para ser impulsado por cualquiera de estas dos cosas; posee también el libre albedrío, o sea la capacidad para hacer lo uno o lo otro. Intelecto, Sensibilidad y Voluntad son las tres facultades del hombre. Pero en conexión con estas tres facultades, hay además una especie de actividad que envuelve o abarca a las tres, y sin la cual no puede haber acción moral, a saber, la actividad de la conciencia. La conciencia aplica la ley moral en casos particulares en nuestra experiencia personal, y nos proclama la vigencia de esa ley. Sólo un ser racional y sensible puede ser verdaderamente moral.

2. Elementos esenciales

Asumiendo que los tres poderes de intelecto, sensibilidad y voluntad, pertenecen a la personalidad del hombre, entonces los elementos esenciales de su naturaleza moral son dos, a saber: la conciencia y el libre albedrío.

A. Conciencia

1) Definición

Conciencia se deriva del latín «con» y «ciencia» (con conocimiento). La palabra griega para conciencia es *suneideesis*, lo que significa «co-percepción» o «co-conocimiento».

2) Naturaleza

Hay quienes consideran la conciencia como una facultad separada, o sea la facultad de obligación moral, la que nos da el sentimiento de «yo debo» y «yo no debo». Ha sido llamada «la voz de Dios en el alma del hombre». Hay otros que consideran la conciencia como la contestación de la personalidad entera a una normal de deber aceptada y autoritativa. Creemos que el último punto de vista es el más correcto.

3) Contenido

Un análisis mental de la conciencia revela los siguientes elementos constituyentes.

a) Esciente — Conciencia de sí.

En primer lugar la conciencia abarca un conocimiento de sí mismo —junto con los estados intelectuales y emotivos, y los actos volitivos. Éste es el significado de He. 10:2.

b) Conocimiento de una norma de deber, o sea la Ley Moral.

Es en este punto donde la conciencia toca la razón

moral. La obra de la conciencia exige alguna norma
objetiva de conducta moral conocida, por la cual los
actos buenos o malos pueden ser dicernidos o juzga-
dos. Puede ser que esta norma de conducta moral sea
imperfecta, pero aún así la conciencia responderá a
ella en aprobación o desaprobación. Creemos que ésta
sea la explicación de Ro. 2:13-15. Otra vez, puede estar
errada la norma de conducta moral, pero si fuere aceptada como autoritativa, la conciencia responderá a
ella con su aprobación o desaprobación. Por vía de
ilustración: Una mujer hindú, impulsada por su credo
religioso, lanza su criatura al río Ganges. Diríamos
que su conciencia necesita más luz, pero lo que realmente queremos decir es que la *razón moral* (o sea la
razón controlada por la naturaleza moral) necesita
luz. Por supuesto, la verdadera norma de conducta es
la Ley Moral de Dios, grabada en parte en nuestros corazones, pero plenamente revelada en las Sagradas Escrituras, Muchos de los hijos de Dios necesitan más luz
sobre las Escrituras acerca del asunto de los deberes y
privilegios cristianos, y en consecuencia sus conciencias son «débiles» y fácilmente se escandalizan (Cor.
8:7-13; Tit. 1:15).

c) Conocimiento de conformidad o disconformidad a una norma de deber, o a la ley moral.

Éste es el ejercicio del «examen de conciencia». Es
la correlación de los primeros elementos de la conciencia —el conocimiento de sí en relación a una ley escu-
driñadora del deber. Aplicando esta ley del deber,
aceptada y autoritativa, a los casos concretos de nuestra propia experiencia, podemos discernir y pronunciar juicio sobre nuestro estado y actos en el pasado,
presente y futuro, ya sean buenos o malos.

d) Remordimiento o complacencia en vista de
nuestra conformidad o disconformidad a una norma
del deber, o la ley moral. Éste es el ejercicio de *juicio*
sobre sí. Habiendo discernido nuestro estado y actos
como buenos o malos por el examen de conciencia según la norma del deber a la ley moral, entonces nos

complacemos o nos condenamos, según sea el caso. En el primer caso hay un instinto de expectación por el favor y bendición de Dios; en el último hay un sentimiento de disfavor de Dios y una expectación de castigo. Esto es lo que quiere decir cuando se habla de una conciencia «buena» o «pura», o de tener «una conciencia sin remordimiento ante Dios y ante los hombres» (Hch. 24:16; 1 Ti. 1:5; 3:9), y una conciencia «mala» o «cauterizada» (Heb. 10; 22; 1 Ti. 4:2).

B. LIBRE ALBEDRÍO

1) DEFINICIÓN

Por libre albedrío, o libertad de voluntad, se quiere decir la facultad o poder de escoger, racional y responsablemente, en cuanto a carácter y conducta.

2) CONTENIDO

En el libre albedrío hay cuatro elementos constituyentes, a saber: un *fin determinado*, un *estado motivo*, un *juicio racional*, y una *decisión electiva*.

a) *Un fin determinado*
Toda acción que mira a un fin racional es tomada con algún punto de vista, algún fin definido, o sea, alcanzar algún propósito por el uso de medios adecuados y apropiados.

b) *Un estado motivo*
Toda acción que mira a un fin racional es influenciada por motivos, y los motivos producen condiciones correspondientes de la mente y el corazón. Éstos son llamados Estados Motivos.

c) *Un juicio racional*
Nosotros tenemos poder sobre nuestros motivos y sus estados motivos correspondientes. He aquí el he-

hecho fundamental y esencial del libre albedrío. Podemos escoger un curso de acción según el motivo fuerte o débil que haya en nuestra mente en el momento dado, y también podemos suspender completamente la elección, mientras por reflexión y deliberación traemos ante nuestra mente otros hechos y consideraciones que constituyen nuevos motivos y producen nuevos estados motivos, de los cuales puede salir una elección personal y acciones completamente distintas de las pensadas primero. negar este poder sobre los motivos equivale a una negación del libre albedrío, o la libertad de la voluntad.

d) *Una decisión electiva*

Éste es el ejercicio del poder de elección respecto a los motivos. Dice el doctor Miley: «El juicio racional no incluye la decisión electiva... En el juicio estimamos el valor y carácter del fin, mientras en la decisión electiva determinamos nuestra acción respecto a su adquisición. El acto de juicio se completa antes de hacer la decisión electiva. Sin embargo, el juicio es necesario al carácter racional de la elección, y por tanto, a la elección misma, que en su naturaleza tiene que tener una razón propia.»

El doctor Strong da la siguiente explicación del libre albedrío: «El libre albedrío es el poder de determinar propiamente en vista de los motivos, o el poder del hombre (1) de escoger entre los motivos y (2) dirigir sus actividades según el motivo que haya escogido. Los motivos no son nunca los causales, sino sólo una ocasión; ellas influencian, pero no compelen; el hombre es *la causa*, y allí está su libertad. Pero también es cierto que el hombre nunca está en un estado indeterminado —nunca obra sin tener algún motivo, o contrario a todos los motivos— siempre hay una razón por qué obra en determinada forma, y en esto consiste su racionalidad.»

NOTA.— Opuesta al libre albedrío, o libertad de la voluntad hay dos teorías, que son formas del Necesitariamismo, o sea la doctrina de la necesidad. Éstas son fatalismo y determinismo. El Fatalismo admite la certidumbre, pero niega la libertad de la determinación propia humana, sustituyendo así la Providencia por el destino o suerte. Dijo el doctor Miley sobre el fatalismo: «Bajo el imperio del destino o suerte todas las cosas son determinadas en forma absoluta, de modo que no podrían en ninguna manera ser otras que las que son. El Fatalismo encadena en las mismas cadenas de necesidad todas las cosas y acontecimientos, todas las inteligencias, sentimientos, voliciones, y hasta a Dios mismo —si es que hay Dios. El materialismo y el Panteísmo son fatalistas en carácter.» El Determinismo sostiene que la elección siempre es de acuerdo con el motivo más fuerte que haya en la mente en el momento dado. Tal como el lado más pesado de la balanza baja, así el motivo más pesado controla la acción personal. El Determinismo niega el poder de suspender la elección en presencia de motivos, o de escoger en forma contraria a los motivos que estén en la mente.

IV. La imagen de Dios en el hombre

1. DECLARACIÓN GENERAL

Las escrituras enseñan claramente que el hombre fue creado a la imagen y semejanza de Dios, Gn. 1:26, 27; 5:1; 9:6; 1 Co. 11:7; Co. 3:10; también en 2 Co. 4:4; Col. 1:15; He. 1:3.

NOTA.— La palabra hebrea traducida «imagen» significa «sombra». La palabra griega «imagen» significa una «semejanza en bosquejo» o «perfil». En He. 1:3 se usa otra palabra griega, que significa una «copia, o grabado fiel». Se ha tratado de buscar una diferencia entre las palabras «imagen» y «semejanza», pero se ha fracasado, porque son idénticas. El doctor Strong dijo: «Ambas fpalabras significan la misma imagen.» Y el doctor Cambell Morgan dijo: «Tal vez la exposición más sencilla del pensamiento sería alcanzada contemplando la sombra de un hombre sobre un fondo blanco, producida por una luz fuerte. Lo que sería esa sombra al hombre, es lo que es el hombre a Dios. Semejante y distinto, sugiriendo una idea, pero de ninguna manera explica el misterio, imposible aparte de la sustancia. Como la sombra no expresa perfectamente todos los hechos concernientes al hombre, así tampoco expresa el hombre todos los hechos referentes a Dios. Y no obstante, la sombra es la imagen del hombre, e indica la verdad acerca de él.

2. ELEMENTOS CONSTITUYENTES

La imagen de Dios en el hombre es doble, es a saber: Semejanza Natural, o sea Personalidad; y Semejanza Moral o Santidad.

1) SEMEJANZA NATURAL O PERSONALIDAD

Ya hemos visto que la personalidad consiste en intelecto, o sea la facultad del pensamiento; en sensibilidad, o sea la facultad del sentimiento; y en volición, o sea el poder de la voluntad. para completar la idea tenemos que agregar dos elementos más: conocimiento propio, o conciencia, y libre albedrío.

El doctor Strong agrega: «Por medio de esta personalidad, en su creación el hombre pudo escoger cuál de los objetos conocidos por él, o sea, su propia persona, el mundo, o Dios, había de ser su norma y centro de desarrollo. Esta semejanza a Dios es inalienable (es decir, no puede ser perdida), y constituye una capacidad para la regeneración que da valor a la vida aun de los inconversos, Gn. 9:6; 1 Co. 11:7; Stg. 3:9.

NOTA.— El doctor Farr dice: «El hombre no puede perder esta semejanza (es decir, la semejanza o personalidad natural) o elemento de la imagen divina, sin que cese de ser hombre. La demencia o locura sólo puede oscurecerla. Bernard dijo que ni podía ser destruida en el infierno. La moneda perdida de Lc. 15:8 todavía llevaba la imagen e inscripción del rey, aunque no lo sabía ni sabía que estaba perdida. De modo que la naturaleza humana debe ser altamente apreciada. Según Gn. 9:6 vemos que el que destruyera la vida humana habría de ser muerto. Hasta los hombres que maldecimos son hechos a la semejanza de Dios, Sal. 8:5; Stg. 3:9.

2) LA SEMEJANZA MORAL, O SANTIDAD

Las Escrituras enseñan claramente que el hombre fue creado puro, recto y santo, Ec. 7:29; Ef. 4:24; Co. 3:10. esta santidad, o justicia, en la que consistía la semejanza moral del hombre a Dios podía perderse, y fue perdida por el pecado original, Ef. 4:23, 24; Co. 3:10.

A. SU NATURALEZA

La naturaleza de la justicia o santidad original ha de ser mirada:

1. No en el sentido que constituye la esencia o sustancia de la naturaleza humana, porque en tal caso, como dijo el doctor Strong, «la naturaleza humana habría dejado de existir tan pronto como el hombre cometiera el pecado». «Naturaleza» se deriva del latín «natura» («nascor», nacer). A veces habla de la «naturaleza pecaminosa», pero debemos tener presente que ésta nació en el hombre. La palabra «disposición» (en el sentido de «modo de ser» de una persona) es un término sinónimo.

2. Esta naturaleza, o modo de ser, ha de ser considerada como un don de afuera agregado a ella después de la creación del hombre, porque el hombre poseía la imagen divina por la creación y no por dádiva subsiguiente. El doctor Farr dice: «Adán fue creado con una naturaleza santa, es decir, sus tendencias eran todas hacia Dios; pero todos los hombres nacidos desde entonces son nacidos con una naturaleza pecaminosa, es decir, con tendencias opuestas, o contrarias a Dios.»

3. En contradicción a estas teorías negativas, según el doctor Strong, la justicia o santidad original consistía en una «dirección o tendencia de los afectos y voluntad del hombre, pero acompañada del poder de escoger lo malo, y diferenciándose así de la santidad

perfecta de los santos, como el afecto instintivo e inocencia de la niñez se distingue de la santidad que ha
sido desarrollada y confirmada por la experiencia de
la tentación». El mismo autor también dice: «Además,
era una disposición moral y propagable a los descendientes de Adán, si era retenida, y aunque perdida por
él y por ellos a causa del pecado de Adán, sin embargo,
dejaba al hombre con una naturaleza semejante a
Dios, y susceptible a la gracia redentora de Dios.»

NOTA.— En otras palabras, por la creación el hombre tenía
una naturaleza santa, distinguiéndose de un carácter santo. Lo
que se quiere decir es que por nacimiento (en el caso de Adán
era la creación) se recibe una naturaleza o disposición, mientras el carácter es el resultado y desarrollo de la prueba moral,
o sea por el ejercicio del libre albedrío en presencia del bien y
del mal. Tenemos que agregar dos hechos: 1) esta naturaleza
santa era más que inocencia, porque era semejanza positiva a
Dios en rectitud y pureza; 2) esta justicia o santidad, tanto de
naturaleza como de carácter, tiene sus dos lados: es conocimiento y percepción, y también inclinación y sentimiento. Co.
3:10.

B. Dos puntos de vista errados

Hay dos puntos de vista errados sobre el estado original del hombre.

1. Que la imagen de Dios incluía solamente personalidad.

Dice el doctor Strong sobre este error: «Esta teoría
niega la determinación positiva a la virtud que había
originalmente en la naturaleza del hombre, y considera a éste en el principio como que solamente poseyera
poderes espirituales perfectamente ajustados el uno al
otro.»

Además, hay tres objeciones a este punto de vista:

a) En el fondo hace de Adán el autor de su propia
santidad, lo que es contrario a la analogía, porque
nuestra condición pecaminosa no es el producto de

nuestra voluntad individual, sino más bien el resultado de nuestra primera transgresión; y nuestra condición subsiguiente de santidad no es producto de nuestra voluntad individual, sino más bien el resultado del poder regenerador y santificador de Dios.

b) El conocimiento, que era un elemento de la naturaleza santa del hombre, lógicamente presupone «una dirección o tendencia hacia Dios en los afectos y voluntad del hombre, siendo que sólo el corazón puede tener un entendimiento correcto del Dios de santidad» (Strong).

c) Una mera semejanza a Dios en la personalidad, no satisface las exigencias de las Escrituras, en las cuales «el concepto ético de la naturaleza abruma lo meramente natural» (Strong).

2. Que la imagen de Dios consiste simplemente en la capacidad natural del hombre para la religión.

Éste es el punto de vista de la Iglesia Católica-Romana. Se hace una distinción entre la imagen y la semejanza. La imagen era el hombre por la creación; la semejanza era el producto de sus propios actos de obediencia. El doctor Strong elabora esta idea en la siguiente forma: «Para que esta obediencia sea hecha más fácil, y la semejanza, por tanto, más segura, se introdujo un tercer elemento —que no pertenecía a la naturaleza humana—, a saber, un don sobrenatural de gracia especial, que servía de atajo a los impulsos de la carne, trayéndolos al control de la razón. De modo que la justicia original no era un don natural, sino el producto unido de la obediencia del hombre y de la gracia sobrenatural de Dios.»

Pero hay tres objeciones a esta teoría:

a) No hay verdadera diferencia en el significado de «imagen» y «semejanza».

b) Lo que hubieran incluido la «imagen» y la «semejanza», sea parte o juntas, fue conferido al hombre en y por la creación. «El hombre ha sido creado a ima-

gen y a semejanza de Dios y, por tanto, no recibió más
tarde ni una ni otra de estas cosas.»

c) Esta teoría contradice abiertamente a las Escrituras, porque contempla el primer pecado en el sentido de que debilitó a la naturaleza humana en vez de pervertirla. De modo que también afecta la obra de la regeneración, considerándola meramente un fortalecimiento de los poderes naturales en vez de una renovación de los afectos. Dice el doctor Strong: «Esta teoría considera el primer pecado como privando al hombre de un don de gracia especial y colocándolo donde estaba primeramente —pudiendo aún obedecer a Dios y cooperar con Él para conseguir su salvación.» En cambio, las Escrituras representan al hombre como «muerto en pecado» (Ef. 2:1), e incapaz de verdadera obediencia (Ro. 8:7), «no sujeto a la ley de Dios ni puede serlo» y necesitando ser «creado en Cristo para buenas obras» (Ef. 2:10).

3. RESULTADOS

La posesión por el hombre, de la divina imagen y semejanza, tuvo cuatro cosas:

1) SU FORMA FÍSICA FUE EL REFLEJO DE UN TIPO ORIGINAL Y CELESTIAL

Es verdad que en su encarnación Cristo tomó nuestra naturaleza: Jn. 1:14; Gá. 4:4; He. 2:14. Pero también es verdad que con su creación el hombre fue formado según un modelo divino, aun en lo concerniente a su cuerpo: Ez. 1:26. De la misma manera el tabernáculo fue hecho según un modelo celestial: Éx. 25:40; Nm. 8:4; He. 8:1-5. Dice el doctor Strong: «Aun en el cuerpo del hombre fueron simbolizados estos atributos más altos que constituían principalmente su semejanza a Dios. Pero una gran perversión de esta verdad es la teoría que se mantiene sobre la base de Gn. 2:7 y 3:8, que la imagen de Dios consistía en una semejanza corporal al Creador. En el primer pasaje citado no es la imagen divina sino el cuerpo lo que es formado del polvo de la tierra, y en este cuerpo fue colocada el alma que lleva la imagen divina. El segundo de los pasajes citados debe ser interpretado a la luz de otros pasajes en el Pentateuco, en los cuales Dios es representado como siendo libre de toda limitación de la materia: Gn. 11:5; 18:1-5.

2) SUS IMPULSOS SENSORIOS ESTABAN EN SUJECIÓN AL ESPÍRITU

Dice el doctor Strong: «Nos toca aquí mantener una actitud media entre dos extremos. De un lado, el primer hombre poseía un cuerpo y espíritu tan ajustados el uno al otro que no había conflicto alguno entre ellos. Al otro lado, esta perfección física no era final ni absoluta, sino relativa y provisoria. Aun había lugar para progresar a una vida más alta, Gn. 3:22.

3) TENÍA DOMINIO SOBRE LA CREACIÓN INFERIOR Gn. 1:26, 28; Sal. 8:5-8

Adán fue la corona de la creación. Teniendo la mente perfecta, no tenía que depender de los procesos laboriosos de razonamientos inductivos y deductivos para adquirir conocimientos, sino que tenía entendimiento de la verdad inmediata e intuitivamente. Para comprobar esto hay dos pruebas: Primero, él puso nombre a los animales, Gn. 2:19, 20. Es evidente que Adán tenía entendimiento de la naturaleza y hábitos de cada animal, y les dio nombres que correspondían a aquéllos. Segundo, él dio nombre a su compañera, Gn. 2:23, 24; 3:20. Adán la llamó primeramente «Varona» porque había sido tomada de su mismo cuerpo. En seguida la llamó «Eva», porque sería la madre de todos los vivientes. «Eva» significa viviente. De modo que el primer nombre indica su procedencia, y el segundo indica su destino. El comentador Matthew Henry dice sobre la creación de la mujer: «No fue tomada de su cabeza para dirigirlo, ni de sus pies para que lo pise, sino de su costado para ser su igual, de debajo de su brazo para ser protegida por él, y de cerca de su corazón para ser amada de él.»

NOTA.— El dominio del hombre sobre la creación inferior envuelve su separación absoluta del reino animal, en cuanto a origen, asociación y destino. Una bestia no puede ascender al nivel del hombre, pero un hombre puede fácilmente descender al nivel de la bestia, Sal. 49:10; Pr. 30:2; Jer. 10:21; 2 P. 2:12. Por la ley de Moisés el hombre o mujer que se contaminara con las bestias era castigado con la muerte, Lev. 20:25, 16.

4) TENÍA COMUNIÓN CON DIOS. Gn. 3:8, 9

Dice el doctor Strong: «Nuestros primeros padres gozaron de la divina presencia y enseñanza: Gn. 2:16. Al parecer, Dios se les manifestaba en forma visible, Gn. 3:8. Este compañerismo era adecuado y de acuerdo con su capacidad espiritual, pero no envuelve necesariamente una visión perfecta de Dios, que es posible solamente a seres de santidad confirmada e invariable, Mt. 5:8; 1 Jn. 3:2; Ap. 22:4.

V. La probación del hombre

1. DECLARACIÓN GENERAL

Las Escrituras enseñan que después de la creación del hombre, Dios lo puso en el Huerto de Edén y lo sometió a un estado o condición de probación o prueba, Gn. 2:8-17.

NOTA.— La palabra «Edén» significa placer, deleite. la ubicación del Edén no puede ser determinada. Se cree que habría estado en el valle de Mesopotamia, entre los ríos Tigris y Éufrates.

2. Definición de probación

Probación se deriva de una palabra latina que significa «probar». Es un período de prueba bajo la ley del deber, que es una prueba de obediencia. El cumplimiento del deber se consigue mediante un sistema de recompensas por la buena elección y la buena conducta, y de castigos por la mala elección y la mala conducta.

El doctor Milley dijo: «La probación es una economía provisoria o temporal. Su realidad central es responsabilidad por la conducta bajo la ley del deber.»

3. Necesidad de la probación

Nuestros primeros padres fueron creados con naturalezas santas, con emociones fluctuantes y tendencias espontáneas que eran todas hacia el bien, pero al mismo tiempo eran susceptibles a las tentaciones de afuera. En consecuencia, era necesario un período de probación para poner a prueba su lealtad a Dios, por la obediencia o desobediencia a su mandato. En esta misma forma nuestro divino Señor fue susceptible a la tentación de afuera, cuya realidad y poder Él sintió profundamente, He. 2:18; 9:14.

NOTA.— El doctor Miley dijo: «Aun en una naturaleza santa, había susceptibilidades a la tentación. En la tentación hay un impulso a las susceptibilidades que es adverso a la ley del deber. Esto es verdad aun cuando no hay respuesta en el conocimiento personal, siendo siempre tal impulso una prueba a la obediencia. La prueba de esto está en la constitución primitiva con susceptibilidades que pudieran ser medios de tentación. Estos hechos son consecuentes con la santidad primitiva que hemos mantenido. En tal estado primitivo principió el hombre su vida moral. La única manera de confirmarlo en su condición de bendición era por la obediencia temporal. Pero la obediencia requiere una ley del deber, y con la natural incidencia de prueba y la posibilidad de fracaso, tal ley tenía que ser una ley de prueba. De modo que una economía de probación era la única adecuada para el estado o condición del hombre primitivo.

4. EL PROPÓSITO DE LA PROBACIÓN

El propósito de la probación de nuestros primeros padres era, por decirlo así, probar su virtud, o sea, transformar sus *naturalezas santas en caracteres santos*. Como ya hemos visto, la naturaleza moral es el resultado de la creación por nacimiento; pero el carácter moral es producido por la probación, por la libre elección personal de lo bueno en presencia de lo malo, y con plenos poderes de escoger lo malo. Adán y Eva fueron creados con *naturaleza moral santa*. Una buena elección, a saber, obediencia al mandato de Dios, habría transformado estas naturalezas morales santas en *caracteres morales santos*. Puesto que escogieron lo malo —desobedecieron el mandato—, transformaron sus naturalezas morales santas en *caracteres morales pecaminosos*, envolviéndose ellos mismos y a su posteridad en la culpa del pecado y la contaminación de la depravación.

5. LA LEY DE PROBACIÓN

La ley de probación se encuentra en Gn. 2:16b, 17. El carácter de esta ley de probación es positivo, y no moral. La diferencia entre los dos es que «la obligación de una ley moral es intrínseca y absoluta, mientras que la obligación de una ley positiva proviene de un mandato divino». En otras palabras, un mandato moral trae consigo sus propias razones para obedecerlo, pero no así el mandato positivo. Los diez mandamientos son de carácter moral, porque somos constituidos en tal forma que podemos entender su racionalidad y comprender su necesidad. Tengamos presente que los diez mandamientos no son buenos por el mero hecho de haber sido dados por Dios, sino que fueron dados por Dios porque eran buenos. En cambio, el llamado de Dios a Abraham para sacrificar a Isaac (Gn. 22) fue un mandato positivo, porque Abraham no entendió su racionalidad ni comprendió su necesidad.

Otro nombre para el mandato positivo sería «mandato personal». La misma esencia de la probación moral exige que la ley de prueba sea un mandato positivo o personal, cuya racionalidad y necesidad no sean conocidas por la persona puesta a prueba. En el caso de nuestros primeros padres, la ley de probación fue un mandato positivo o personal. Era el derecho o atribución de Dios de decretar o legislar, y el deber de Adán y eva para obedecer.

NOTA.— Dice el doctor Strong: Siendo que el hombre aún no estaba en un estado de santidad confirmada, sino más bien de inocencia juvenil, sólo pudo ser perfeccionado por medio de la tentación. Por lo tanto, había en el Edén un «árbol de conocimiento del bien y del mal» (Gn. 2:9). El mandato de no comer de él era la mejor prueba al espíritu de obediencia. La tentación no hacía necesaria la caída. Si resistía la tentación, sería fortalecida la virtud; y en ese caso el *posse non pecarre* habría llegado a ser el *non posse pecarre* (es decir, la facultad de no pecar habría llegado a ser la imposibilidad de pecar). El árbol fue en verdad un árbol de probación. Un padre tiene pleno derecho, antes de dar título de propiedad a su hijo, de exigirle el cumplimiento de algún deber filial, igual como el señor Tadeo Stevens hizo para su hijo condicional la posesión de sus propiedades, siendo la condición que el hijo se abstuviera en todo tiempo del licor.

6. RACIONALIDAD DE LA PROBACIÓN

La racionalidad de la probación primitiva es evidente por los siguientes hechos:

1. Por el amor y sabiduría de Dios, quien no habría sometido, ni podría haber sometido a nuestros primeros padres a alguna prueba que no hubiese sido para su mejor desarrollo y bienestar eterno y, en consecuencia, absolutamente necesaria. Por lo tanto, la prohibición de Gn. 2:17 tiene que haber sido justa, sabia y buena.

2. Por las múltiples fuentes de deleite y satisfacción provistas para Adán y Eva por su Hacedor, Gn. 2:9. Ellos lo tenían todo.

VI. La tentación del hombre

1. DECLARACIÓN GENERAL

Las Escrituras enseñan claramente que nuestros primeros padres fueron tentados al pecado de desobediencia al mandato positivo de Dios, Gn. 3:1-6; 2 Co. 11:3; 1 Ti. 2:14.

2. EL INSTRUMENTO

El instrumento de la tentación de nuestros primeros padres fue la serpiente, Gn. 3:1, 4; 5:2; Co. 11:3.

NOTA.— La serpiente se halla incluida entre las bestias. la descripción dada de la serpiente es que era más sutil que todas ellas. Puede ser que originalmente la serpiente fuera una criatura muy hermosa, y parece que poseía el poder de erguirse, tal vez como el hombre, Gn. 3:14.

3. EL VERDADERO AGENTE DE LA TENTACIÓN

El verdadero agente de la tentación de nuestros primeros padres fue Satán, Ap. 12:9.

NOTA.— El Diablo usó la serpiente como instrumento para tentar a Adán y Eva. De modo que detrás de esa «bestia del campo» estaba una inteligencia más alta, hasta sobrenatural. La maldición que Dios pronunció sobre la serpiente indica esto, Gn. 3:14, 15, esp. v. 15.

4. LA FORMA TRIPLE

Notemos que la serpiente se allegó a la mujer de dos maneras: primero, con una afirmación (así que), seguida por una interrogación (Gn. 3:1). De la misma manera se acercó a Jesús con una insinuación: «Si eres Hijo de Dios» (Mt. 4:3). La forma movible de la serpiente sugiere el punto interrogativo. Segundo, contradijo a la Palabra de Dios: «No moriréis» (Gn. 3:4.).

Pero notamos particularmente que la tentación a

que fueron sometidos nuestros primeros padres asumió una forma triple.

1) LA NATURALEZA FÍSICA

En primer lugar Satanás atacó a Eva por medio de su cuerpo, le mostró que el árbol «era bueno para comer», Gn. 3:6a.

2) LA NATURALEZA PSÍQUICA O MENTAL

En segundo lugar Satanás atacó a Eva por medio de su mente. le mostró que el árbol «era agradable [hermoso] a los ojos», Gn. 3:6b.

3) FINALMENTE SATANÁS ATACÓ A SU ALMA Y ESPÍRITU

Le mostró que el árbol era «codiciable para alcanzar sabiduría», Gn. 3:6e.

NOTA.— En el desierto Satanás tentó a Jesús en la misma forma en que tentó a nuestros primeros padres, Mt. 4:1-11; Lc. 4:1-13. Tomemos la narración de Lucas, que está arreglada en forma cronológica. Allí vemos que en primer lugar Satanás atacó el cuerpo de Cristo: lo incitó a que para satisfacer su intensa hambre transformara las piedras en pan. Luego después, atacó a la mente de Cristo: la visión de todos los reinos del mundo era una apelación a su ambición de hacerse Rey universal, tal como Alejandro el Grande, César y Aníbal lo ambicionaban. Finalmente fue atacada el alma o espíritu de Cristo; puesto sobre las alturas del templo fue incitado a echarse en la profundidad, para que, como Favorito o Predilecto de los Cielos, desafiara las leyes de la gravitación como también a la Providencia misma. Satanás también ataca a los demás hijos de Dios en la forma como tentó a Eva y a Jesús. En 1 Jn. 2:16 encontramos la misma forma de ataque: (1) «la concupiscencia de la carne»; (2) «la concupiscencia de los ojos»; (3) la soberbia de la vida». De modo que bien podemos llamarlo «la trinidad de maldad».

VII. La caída del hombre

DECLARACIÓN GENERAL

Las Escrituras enseñan claramente que Adán y Eva cayeron de su grandeza primitiva al pecar contra Dios, desobedeciendo su mandato positivo y personal de no comer del «árbol de ciencia del bien y del mal», Gn. 3:6b; Ro. 5:12, 19; 1 Ti. 2:14. Éste fue el primer u original pecado.

NOTA.— El doctor Torrey señala cinco pasos que condujeron al primer pecado:

1. Escuchar calumnias contra Dios.
2. Dudar de su Palabra y amor.
3. Mirar lo que Dios había prohibido.
4. Desear lo que Dios había prohibido.
5. Desobedecer el mandato de Dios.

Como el doctor Strong dice: El primer pecado consistió en el aislamiento voluntario de Eva, al escoger su propio placer sin tomar en cuenta la voluntad de Dios. Este egoísmo inicial fue lo que la guió a escuchar al tentador en lugar de reprenderlo o huir de su presencia, y a exagerar el mandato divino en su respuesta, Gn. 2:3. Esto fue seguido por una incredulidad positiva abrigando conscientemente un deseo de participar de la fruta prohibida como medio de alcanzar la independencia y conocimiento. De modo que la incredulidad, el orgullo y la concupiscencia, tenían su principio en el espíritu aislador y egoísta que buscó los medios para satisfacerse, Gn. 3:6. En conexión con esto podemos estudiar las palabras del apóstol Santiago, que muestra el origen, desarrollo y fruición del pecado, Stg. 1:13-15.

Las consecuencias del pecado eran muchas y variadas; las estudiaremos bajo cuatro temas, como sigue: Los efectos inmediatos del pecado; el cuádruple juicio divino; la separación triple; y la muerte triple.

1. EFECTOS INMEDIATOS DEL PECADO

Los efectos inmediatos del pecado (Gn. 3:7-13) fueron seis, a saber:

1) SENSACIÓN DE VERGÜENZA

Lo que se debe al despertamiento de la conciencia.

2) DELANTALES DE HOJAS

Fue una cubierta sin sangre. Veamos Gn. 3:21; Fi. 3:9.

3) SENSACIÓN DE TEMOR

Ésta fue producida por la conciencia culpable.

4) TENTATIVA DE ESCONDERSE

Adán y Eva neciamente pensaron que podían esconderse de la presencia de Dios.

5) ESFUERZO DE VINDICACIÓN PROPIA

Aunque culpables, Adán y Eva trataron de justificarse.

6) ESFUERZO DE ESQUIVAR LA RESPONSABILIDAD

Adán echó sobre Eva la culpa de lo sucedido y Eva la echó sobre la serpiente, a saber, Satanás.

2. EL CUÁDRUPLE JUICIO DIVINO

Después del doloroso cuadro de v. 7-13, el Señor pronuncia su juicio cuádruple, Gn. 3:14-19. Esto fue:

1)   SOBRE LA SERPIENTE

Ésta fue una maldición de degradación, Mi. 7:17.

NOTA.— Durante el milenio la maldición sobre la serpiente no será suspendida, porque la serpiente es típica de Satanás, Is. 65:25.

2)   SOBRE LA MUJER

Éste fue el juicio de tristeza y sujeción, Jn. 16:21.

NOTA.— La bendición del Evangelio mitiga o disminuye el rigor de esta ley, 1 Ti. 2:15.

3)   SOBRE EL HOMBRE

Éste fue el juicio de tristeza y de trabajo, Job 5:7; Ec. 2:22, 23.

NOTA.— El trabajo mismo es una bendición y no una maldición, Gn. 2:9, 15. Es la maldición que está sobre la tierra lo que dificulta el trabajo del hombre y lo deja sin remuneración.

4)   SOBRE LA TIERRA

Éste fue el juicio de espinas y cardos.

NOTA.— La espina, como la serpiente, es enemiga natural del hombre, Mt. 7:16. La palabra es usada en las Escrituras como simbólica de maldad, Nm. 33:55; 2 Co. 12:7. La corona de escarnio del Señor era de espinas, Jn. 19:2, 5. Durante el Milenio la maldición sobre la tierra será levantada, Is. 55:13.

3.   LA TRIPLE SEPARACIÓN

El cuádruple juicio divino resultó en una triple separación, Gn. 3:22-24. Adán y Eva fueron separados:

1) DEL ÁRBOL DE VIDA

NOTA.— El árbol de vida representa la sabiduría, Pr. 3:18. La sabiduría personificada es Cristo: 1 Co. 1:24. De modo que el Árbol de Vida era un emblema de Cristo, Ap. 2:7; 22:14. El cuerpo de Adán era mortal, Gn. 2:7; 1 Co. 15:44, 45, 47. La ciencia nos enseña que la vida física envuelve decadencia y pérdida. Había, sin embargo, una provisión divina para detener esa decadencia y pérdida, para preservar la juventud del cuerpo. Esto era por medio del árbol de la vida. Esto lo hizo mediante su valor sacramental, es decir, el comer de ese árbol era simbólico de la comunión de Adán y Eva con Dios, y de su dependencia de Él. Pero era sólo porque el árbol tenía eficacia física. La inmortalidad física sin la santidad habría sido una miseria sin fin. Por tanto, a nuestros primeros padres les fue prohibida la participación del árbol de vida hasta que por redención y resurrección sus descendientes que hayan aceptado a Cristo estuvieran preparados para participar de él. Así nuestros cuerpos glorificados serán preservados a través de la eternidad por comer del árbol de la vida, que es típico de nuestro Señor bendito, Ap. 2:7; 22:14. La decadencia y pérdida, que terminan en la muerte del cuerpo, principiaron en el instante en que fue negada a Adán y Eva la participación del árbol de vida. Los 930 años de Adán como también la longevidad notable de los antediluvianos, es una evidencia de su maravillosa vitalidad natural. Dice el doctor Strong: «Si Adán hubiera mantenido su integridad, el cuerpo podría haber sido desarrollado y transfigurado sin la intervención de la muerte. En otras palabras, el *posse non mori* (el poder de no morir) pudo haber llegado a ser *non posee mori* (el no poder morir).» El doctor Campbell Morgan en su libro *Crisis de Cristo*, habla de la transfiguración de Cristo como la afloración de la humanidad; la considera como una demostración dada por Dios para mostrar la fruición del cuerpo —si no hubiera intervenido el pecado.

2) DEL HUERTO DE EDÉN

La única manera de hacer efectiva la exclusión de Adán y Eva del árbol de vida era desterrarlos del Huerto de Edén. Y esto lo hizo Dios, enviándolos afuera para «que labrasen la tierra de que fueron tomados», Gn. 3:23.

3) De la presencia de Dios personal y visible

El pecado separa al hombre de Dios —y es la *única cosa* que puede efectuar o causar esa separación. Cuando Adán y Eva se escondieron de la presencia de Jehová Dios, fue porque su pecado con su culpa y vergüenza los había hecho moralmente incapaces de tener comunión personal con su Hacedor. Por tanto, la separación del Huerto de Edén, simplemente selló la separación del hombre de Dios, la que ya había efectuado el pecado. De allí en adelante, nuestros primeros padres y sus descendientes sólo han tenido una representación simbólica de la Deidad: Los querubines y la espada encendida puestos al Oriente del Huerto del Edén fueron las manifestaciones visibles de Jehová Dios. Allí acudían los píos antediluvianos para adoración y sacrificio, porque no hay ninguna evidencia de que estos primitivos tipos de la presencia y de la gracia misericordiosa y redentora de Dios, no hayan quedado hasta el diluvio.

NOTA.— La espada encendida (3:24) era la primera aparición de esa llama luminosa, que, como la gloria Shekinab, reposaba sobre la Cubierta (propiciatoria) del Arca en el Santísimo del Tabernáculo y Templo.

4. La muerte triple

En conexión con la prohibición de comer del árbol de ciencia del bien y del mal, Jehová Dios había dicho: «Porque el día que de él comieres, morirás», Gn. 2:17. Esta muerte, que fue el resultado del pecado, era triple, a saber, física, espiritual y eterna.

1) Muerte física

La muerte física es la separación del alma del cuerpo. Según el doctor Strong, incluye todos los males y sufrimientos temporales que resultan del desorden producido en la armonía original que había entre el alma y el cuerpo, y que es la obra de muerte en nosotros. Nm. 16:29; 27:3; Sal. 90:7, 9, 11; Is. 38:17, 18; Ro. 4:24, 25; 6:9, 10; 8:3, 10, 11; 1 Co. 15:21, 22; Gá. 3:13; 1 P. 4:6.

NOTA.— Hay algunos que consideran la muerte física como una parte del castigo por el pecado; hay otros que la consideran más bien como una consecuencia natural del pecado. En cualquiera de los casos, es evidente que debilidad y enfermedad, seguidas por la muerte, resultaron, en primer lugar, de la exclusión de Adán y Eva del árbol de la vida.

2) MUERTE ESPIRITUAL

La muerte espiritual es la separación del espíritu de Dios. Según el doctor Strong incluye todos esos dolores de conciencia, pérdida de paz, tristeza de espíritu, que resultan del desorden producido en las relaciones normales habidas entre el alma y su Dios, Mt. 8:22; Lc. 15:32; Jn. 5:24; 8:51; Ro. 8:13; Ef. 2:1; 5:14; 1 Ti. 5:6; Stg. 5:20; 1 Jn. 3:14.

NOTA.— El doctor Strong dice: No puede haber duda que el castigo pronunciado en el Huerto de Edén y venido sobre la raza, es en primer lugar la muerte del alma, que consiste en su separación de Dios. Sólo en este sentido vino la muerte sobre Adán el día que comió el fruto prohibido (2; 17). Y sólo en este sentido escapa el cristiano de la muerte, Jn. 12:26. Por esta razón escribiendo el apóstol Pablo en Ro. 5:12-21, al hacer el paralelo entre Adán y Cristo, en la primera parte trata meramente de la muerte física; pero en la última parte del pasaje pasa a la muerte física y espiritual (v. 21) —«de la manera que el pecado reinó para muerte, así también la gracia reine por la justicia para vida eterna por Jesucristo Señor nuestro»— y siendo que la «vida eterna» abarca más que una mera existencia física sin fin, así la «muerte» es más que la muerte del cuerpo.

3) MUERTE ETERNA

La muerte eterna es el resultado de la muerte espiritual. Según el doctor Strong, es «la culminación y cumplimiento de la muerte espiritual, y consiste esencialmente en la correspondencia entre el estado exterior y el estado interior del alma impía (Hch. 1:25). Parece que fuera iniciada por una energía peculiar de la santidad divina (Mt. 25:41; 2 Ts. 1:9) y además, parece que envuelve una retribución positiva efectuada por un Dios personal sobre cuerpo y alma del impío, Mt. 10:28; He. 10:31; Ap. 14:11. La muerte eterna es igual al infierno, o «gehenna», o la segunda muerte, Mt. 10:28; véase también 2 R. 23:10; Ap. 20:14.

NOTA.— La muerte espiritual y eterna fueron detenidas por gracia, por la institución del sacrificio, Gn. 3:21; 4:4; He. 9:22. Así, El Venidero, quien «había de gustar la muerte por todos los hombres» salvó a los del Antiguo Testamento que por obediencia y sacrificio creían en Él, Ro. 3:25; He. 2:9.

Quinta Doctrina - Doctrina del Pecado

I. Origen del Pecado

El origen del pecado está envuelto en oscuridad. Es uno de los misterios bíblicos que no han sido revelados. Sin embargo, tenemos una insinuación acerca de la entrada del pecado en el corazón de Satanás, como también su introducción en la raza humana.

1. LA ENTRADA EN PECADO EN EL CORAZÓN DE SATANÁS

1. En Isaías 14:12-17, en el cuadro de la caída de Lucero, hijo o estrella de la mañana (el rey de Babilona, v. 4), creemos tener una narración de la rebelión de Satanás contra Dios. Notemos las expresiones: «subiré», «ensalzaré», «me sentaré», «subiré las alturas de las nubes», «seré semejante al Altísimo», v. 14. La última expresión merece especial atención.

2. También en Ezequiel 28, en la lamentación del profeta sobre el rey de Tiro, creemos ver cómo Satanás cayó por el orgullo del corazón, v. 17.

2. LA INTRODUCCIÓN DEL PECADO EN LA RAZA HUMANA

La introducción del pecado en la raza humana se narra en el capítulo 3 del Génesis y en otras escrituras. Sucedió en forma cuádruple:

1. Por engaño   1 Ti. 2:14.
2. Por la desobediencia del hombre   Ro. 5:19.
3. Por la seducción de la serpiente   Gn. 3:1-6.
4. Por la malignidad de Satanás   Ap. 12:9.

II. Realidad del pecado

El pecado es una realidad triste y terrible. Este hecho puede ser comprobado de tres maneras, a saber: por la enseñanza de las Escrituras, por el testimonio de la humanidad, y por el testimonio de la conciencia.

1. LA ENSEÑANZA DE LAS ESCRITURAS

En cuanto a la realidad del pecado la enseñanza de las Escrituras es clara. Entre los muchos pasajes que hay escogemos tres: Jn. 1:29; Ro. 3:23; Gá. 3:22.

2. EL TESTIMONIO DE LA HUMANIDAD

El testimonio de la humanidad sobre la realidad del pecado ha sido puesto en la legislación gubernamental, ha sido reconocido en cada religión falsa, y está reflejado en la literatura profana.
Veamos:

1. El gran filósofo romano Séneca, dijo: «Todos hemos pecado, cual más, cual menos.»
2. El romano Ovidio, dijo: «Todos nos esforzamos en alcanzar lo que está prohibido.»
3. El filósofo y poeta alemán, Goethe, confesó: «No veo ninguna falta en otros que yo mismo no pueda haber cometido.»
4. Un proverbio chino dice así: «Hay dos hombres buenos; uno está muerto, y el otro aún no ha nacido.»

3. EL TESTIMONIO DE LA CONCIENCIA O SENTIDO

La conciencia o sentido no da un testimonio vacilante en cuanto a la realidad del pecado. Cada persona sabe que es pecadora. Ninguna persona de edad responsable ha vivido libre de un sentimiento de culpa personal o contaminación moral. El remordimiento de conciencia persigue a todos los hijos e hijas de Adán, y las tristes y terribles consecuencias del pecado son manifiestas en el deterioro y la degeneración física, mental y moral de la raza.

III. Naturaleza del pecado

1. LO QUE EL PECADO NO ES

1) EL PECADO NO ES UN ACCIDENTE

Hay algunos que sostienen que el pecado es un accidente; pero hemos visto que la Biblia enseña que el pecado resultó de un acto de desobediencia responsable de parte de Adán, Ro. 5:19.

2) EL PECADO NO ES UNA ENFERMEDAD

Hay algunos que sostienen que el pecado es una especie de enfermedad o plaga y que, aunque infortunados por su azote, no somos culpables de su presencia. Pero al igual que el punto de vista anterior, no cuadra esta idea con la revelación de la Biblia.

3) EL PECADO NO ES UNA NEGACIÓN

El falso culto denominado «Ciencia Cristiana» enseña que el pecado es una negación —que la maldad es la ausencia de lo bueno, y que el pecado es la ausencia de la justicia. Pero la palabra de Dios declara que el pecado y la maldad tienen existencia positiva y que son ofensivos al Señor, Sal. 51:4.

4) EL PECADO NO ES UNA FRAGILIDAD LAMENTABLE

Algunos, a fin de encontrar una disculpa para su indulgencia en lo malo, sostienen que el pecado es una «fragilidad lamentable». Pero el pecado no merece lástima, sino condenación, y el pecador es culpable delante de Dios.

5) EL PECADO NO ES IMPRESCINDIBLE

El fatalismo enseña que el pecado es una necesidad, que no podemos escapar de él y, en consecuencia, debemos acomodarnos con su presencia; y esto a pesar de que el pecado por su naturaleza nos hace incurrir en culpa y responsabilidad personal. Además, hay algunos que consideran el pecado como un medio de gracia. El antiguo y extremo punto de vista calvinista de la santificación era que sólo la muerte podía librarnos del pecado. Pero la enseñanza clara y enfática del Nuevo Testamento es que la sangre del Señor Jesucristo puede limpiarnos de todo pecado, 1 Jn. 1:7.

2. PALABRAS QUE EXPRESAN EL PECADO EN EL ANTIGUO TESTAMENTO

1. La palabra más común para expresar pecado es literalmente *errar al blanco*. La hallamos así en sentido original en Jueces 20:16. Con todas sus derivaciones, esta palabra significa cualquier desvío moral del blanco divino, ya pasando más allá de él, o no alcanzándolo, o desviándose a uno u otro lado. En el alcance de esta palabra hebrea no sólo se incluyen los actos premeditados o ignorados, sino también el estado malo o disposición impía de mente y corazón, Gn. 4:7; Éx. 9:27; Lev. 5:1; Nm. 6:11; Sal. 51:2, 4; Pr. 8:36; Is. 42:24; Os. 4:7.

2. Otra palabra para pecado significa literalmente encorvado, torcido o ladeado (Is. 21:3), y espiritualmente significa perversidad o iniquidad moral, o la perversión de la naturaleza hacia lo malo. Esta palabra hebrea no se refiere tanto al acto mismo sino el carácter del acto, Gn. 15:16; Sal. 32:5; Is. 5:18.

3. Hay otra, cuya raíz significa excitación tempestuosa, en el fondo significa *hábito del mal*, es decir, el pecado residente particularmente en la disposición. Es

todo lo opuesto de la justicia. Lv. 19:15, 35; Job. 3:17; 16:11; 20:29; 34:8; Sal. 82:2; Pr. 16:12; Is. 57:20, 21; Mal. 2:6.

4. Una expresión usada para pecado es: *revuelta contra autoridad debidamente constituida*, o sea apostasía o rebelión. En nuestra versión es comúnmente traducida «rebelión». Sal. 51:3; Pr. 28:2.

5. Otra palabra que expresa pecado es *cruzar la línea*, o pasar más allá de lo autorizado, Sal. 17:3; Os. 6:7; 8:1.

6. También una que literalmente significa *soplar*, representa el pecado en su aspecto de vanidad y vacuidad, Is. 41:29.

7. Hay aún otra palabra que se refiere a la dureza del corazón —el grado más alto del pecado—, obstinación, Éx. 4:21.

Hay una gran cantidad de palabras hebreas que de una u otra manera expresan pecado, y no sería posible considerarlas separadamente. Algunas de las que quedan son: Falta, Gn. 41:9; Transgredir, en el sentido de pecar por ignorancia, Lv. 4:13; vagar, Ezequiel 34:6; errar, Sal. 119:21; aborrecer, Lev. 19:17; maldad, Sal. 94:20; miseria, Pr. 31:7.

3. PALABRAS QUE EXPRESAN PECADO EN EL NUEVO TESTAMENTO

1. Es notable que tanto en el griego del Nuevo Testamento como en el hebreo del Antiguo Testamento, la palabra más común para pecado es *errar al blanco*. Se dice que esta palabra aparece 174 veces en el Nuevo Testamento y 71 veces en las epístolas de Pablo. Expresa tanto el estado o disposición al mal, como el acto de pecar, Ro. 3:23; 5:12.

2. Otra palabra significa pasar o sobrepasar una línea de deber o conducta. Es siempre usada para indicar «la violación de una ley positiva, un precepto expreso con sanción mencionada», 1 Ti. 2:14.

3. Otra significa fracaso —una caída de donde debía haberse mantenido, Gá. 6:1. La misma palabra se encuentra con derivaciones en Mt. 6:14; Ef. 1:7; Stg. 5:16.

4. Hay una palabra que significa desorden y anarquía, 1 Jn. 3:4.

5. Otra palabra significa ignorancia de lo que se debía saber, He. 9:7.

6. Otra que significa disminuir lo que debía entregarse completo, 1 Co. 6:7.

. Una que significa desobediencia a una voz, He. 2:2, 3.

8. Y una que significa deuda u ofensa, Mt. 6:12.

Otros versículos que mencionan la palabra pecado en sus derivaciones son: Ro. 1:18, 24, 29, 30; 8:7; Gá. 5:19-21; Ef. 4:31.

4. DEFINICIONES BÍBLICAS DEL PECADO

Hay en las Escrituras una cantidad de definiciones descriptivas del pecado, de las cuales sobresalen las siguientes:

1. Pr. 21:4: «altivez de ojos, y orgullo de corazón, y el brillo de los impíos, es pecado».

2. 24:9: «El pensamiento del necio es pecado.» La palabra *pensamiento* en este versículo tiene la fuerza de la premeditación.

3. Jn. 16:8, 9: «Y cuando Él viniere redargüirá al mundo de pecado, y de justicia, y de juicio; de pecado ciertamente, por cuanto no creen en mí.»

4. Ro. 14:23: «Y todo lo que no es de fe, es pecado.»

5. Stg. 4:17: «El pecado, pues, está en aquel que sabe hacer lo bueno, y no lo hace.»

6. 1 Jn. 3:4; «El pecado es transgresión de la ley», en hecho, disposición o estado.

7. 1 Jn. 5:17: «Toda maldad es pecado.»

5. DEFINICIONES TEOLÓGICAS DEL PECADO

Las siguientes definiciones del pecado son basadas en las Escrituras:

1. Pecado es la transgresión de la ley de Dios, o la falta de conformidad a ella.
2. Pecado es deseo desordenado o concupiscencia.
3. Pecado es la deficiencia o falta de amor a Dios y al hombre.
4. Pecado es dar preferencia al *yo* en vez de dársela a Dios.
5. Pecado es el acto de insubordinación.
6. Pecado es la falta de incorformidad a Dios o a su ley moral, en hecho, disposición o estado.

NOTA.— En distinción a los que sostienen que el pecado es sensualidad o limitación humana, el doctor Strong afirma que el pecado en su principio esencial es egoísmo. Esto está de acuerdo con la cuarta definición citada arriba.

6. RESUMEN DE LAS ENSEÑANZAS BÍBLICAS TOCANTES AL PECADO

Repasando cuidadosamente la enseñanza bíblica sobre la naturaleza del pecado, descubrimos que éste puede ser considerado o mirado desde cuatro aspectos, a saber: hacia Dios, hacia la ley divina, hacia el hombre y hacia el *yo*.

a) *Hacia Dios*
El pecado, o es un acto de rebelión, o es falta de amor supremo a Dios.

1. Rebelión, 1 S. 15:23.
2. Falta de amor supremo, Dt. 6:5; Mr. 12:30.

b) *Hacia la ley Divina*
El pecado, o es transgresión voluntaria, o es violación por ignorancia.

1. Transgresión voluntaria, Nm. 15:30; Sal. 19:13.
2. Violación por ignorancia, Nm. 15:27; He. 9:7.

c) *Hacia el hombre*
El pecado, o es injusticia, o es falta de amor al prójimo como a sí mismo.

1. Injusticia, Lv. 19:13; Miq. 6:8; Ro. 1:18.
2. No amar al prójimo como a sí mismo, Lv. 19: 18; Mr. 12:31.

d) *Hacia el YO*
El pecado, o es egoísmo, o es corrupción.

1. Egoísmo, Mt. 16:24; Jn. 12:25.
2. Corrupción, Sal. 51:5; Ro. 7:18.

IV. El alcance del pecado

En cuanto al alcance del pecado, las Escrituras enseñan que es universal, es a saber, que el pecado ha afectado una parte del cielo y sus habitantes, y a toda la tierra y sus habitantes.

1. Los cielos

El pecado y al caída de Satanás afectó a los cielos. Como hemos visto en el capítulo de Angelología, bajo el tema satanás, el diablo mismo tiene acceso al cielo: Job 1:6; Zac. 3:1; Lc. 10:18; Ap. 12:7-9. Además, los emisarios de Satanás frecuentan los lugares celestiales, donde hacen guerra con el creyente, Ef. 1:3; 2:6; 6:11, 12.

2. La tierra

El pecado y caída de nuestros primeros padres afectó a toda la tierra y sus habitantes.

1.   Reino vegetal. Éste fue maldito por causa del pecado del hombre, pero será restaurado en la época milenial; Gn. 3:17; Is. 55:13.

2.   Reino animal. Éste también sufre por causa del pecado del hombre, pero será hecho participante de la paz y la gloria del milenio; 11:6-9.

3.   La raza humana. El pecado ha afectado e infectado a toda la raza humana. (Veremos detalles de esto en el próximo tema.) Dijo el doctor Farr: «Tanto las Escrituras como la experiencia confirman el dicho de que con la sola excepción del Señor Jesucristo, todos los hombres nacen depravados, y si alcanzan hasta la edad de responsabilidad, todos son hallados culpables de pecado personal. El término "depravación moral" significa aquel estado del alma que naturalmente conduce al pecado.»

NOTA.— Hablando sobre la universalidad del pecado, continúa el doctor Farr: «El pecado y la salvación, ambos principian en el cielo, viniendo del cielo a la tierra. Mucha de la obra de Cristo fue hecha en y por los cielos, He. 9:23. La íntima relación que existe entre cielos y tierra queda de manifiesto en Gn. 1:1. El hombre está destinado tanto para el cielo como para la tierra: 1 Co. 15:49. Cristo vino del cielo, regresó al cielo y volverá del cielo. El nuevo cielo y nueva tierra son el resultado de la obra redentora de Cristo, Is. 65:7; 2 P. 3:13; Ap. 21:1.

V.   El resultado del pecado

El alcance del pecado es universal, y sus resultados devastadores y mortíferos son también universales. Podrían mencionarse dos esferas en particular, a saber: la tierra y el hombre.

1.   LA TIERRA

En cuanto al resultado del pecado en la tierra, pueden indicarse dos cosas.

1. EL GEMIDO DE LA CREACIÓN. Ro. 8:19-23

En este pasaje demuestra Pablo la íntima conexión que existe entre los hombres y la creación inferior. El pecado ha traído la creación inferior a «la esclavitud de la corrupción», pero la plena redención del hombre traerá también su completa liberación, v. 21.

NOTA.— Se ha dicho que cada sonido producido por la naturaleza está en «tono menor» (tristeza), lo cual insinúa la tragedia de pecado y sufrimiento —el suspiro del viento, el crujido de las hojas, el canto de los pájaros, el murmullo del arroyo, etc. El «tono mayor» habla de redención y gozo. Se oye su sonido hoy día cuando y donde la obra del Espíritu Santo no es impedida, pero durante el Milenio será la nota sobresaliente y predominante, como también durante los siglos de los nuevos cielos y de la tierra nueva.

2) LA VACUIDAD DE LA CREACIÓN. Nm. 14:21; Sal. 90:13; Os. 5:15; Ro. 8:20

Dice el doctor F. L. Chapell: Puesto que la creación debía servir de residencia a Dios, los ángeles y los hombres, que son la forma más alta de creación en cielo y tierra, deben estar subordinados a Dios para que Él pueda morar allí. Pero cuando ellos se insubordinaron, o, en otras palabras, cometieron pecado, la presencia de Dios se retiró, y así comenzó la condición perdida del mundo en general formado por los cielos y la tierra. La luz, la vida y el amor de Dios se han ido de su creación por causa del pecado, y, por tanto, imperan en su lugar las tinieblas, la muerte y el odio. De modo que encontramos muchas referencias en las Escrituras que hablan de la ausencia de Dios, y de la vacuidad de la creación, por un lado, y por otro leemos de muchas oraciones y peticiones por su regreso, y la consecuente henchidura de la creación por su presencia. Comparemos Os. 5:15 con Sal. 90:13; Ro. 8:20-23 con Nm. 14:21. Gran parte de la Biblia se ocupa con la narración de la idea del Señor de la tierra, como también con profecías y promesas de su regreso. Así vemos que estaba la presencia del Señor antes del diluvio (Gn. 4:16), pero tuvo que alejarse en vista de ese terrible reinado de pecado y juicio (Gn. 6:3-12). También había una presencia del Señor en la luz de la nube (Shekinah) (Éx. 40:35; 1 R. 8:11), pero desapareció bajo el reinado de los reyes impíos (Ezequiel 11:23), y no fue hallado en el segundo templo. En la persona de Jesucristo estaba preeminentemente la presencia de Dios, pero Él partió a causa de los pecados de los judíos, y su templo fue dejado vacío y desolado (Mt. 23:38, 39). Y del otro lado, el constante clamor de los fieles ha sido: «Volved, volved, venid, venid», hasta que llega a ser el principal refrán del Apocalipsis, y leemos en el último capítulo, «El Espíritu y la Esposa dicen, ven; y el que oye diga ven»: «y el que testifica de estas cosas dice ven»; a lo que contesta el Vidente: «Sea así, ven, Señor Jesús». Todo el espíritu de profecía y de promesa mira al futuro, al glorioso hecho de la venida del Señor, para que la tierra sea llena de su gloria, Is. 59:20; Zac. 8:3; Mal. 3:1; Jn. 14:3.

2. EL HOMBRE

En la doctrina de Antropología, bajo el tema de la Caída del Hombre, hemos notado la triple separación que ha resultado de la desobediencia de nuestros primeros padres, a saber: del Árbol de Vida, del Huerto de Edén, y de la presencia personal y visible del Señor. Hemos notado, además, que la muerte física fue la consecuencia natural de la separación del Árbol de Vida, y la muerte espiritual es la inevitable consecuencia de la separación de la presencia del Señor. El pecado en forma de desobediencia fue la sola y única causa de ambas. Ahora hemos de mirar al tenebroso y terrible cuadro que presentan las Escrituras de los resultados devastadores del pecado en el espíritu, alma y cuerpo del hombre:

1. Todos han pecado, Sal. 14:2, 3; Is. 58:6; Ro. 3:9, 10, 22, 23; 1 Jn. 1:8-10.
2. Cada boca se ha tapado, Sal. 130:3; 143:2; Ro. 3:19.
3. Todos están bajo maldición, Gá. 3:10.
4. Todos son hijos del diablo, Jn. 8:44; 1 Jn. 3:8-10.
5. El hombre natural es extraño a las cosas de Dios, 1 Co. 2:14.
6. El corazón natural es engañoso, Je. 17:9.
7. Está ajeno —separado de la vida de Dios— y el entendimiento entenebrecido, Ef. 4:18.
8. La naturaleza mental y moral corrompida, Gn. 6:5, 12; 8:21; Sal. 94:11; Ro. 1:19-31.
9. La conducta exterior es vil y abominable, Ef. 2:3; Tit. 3:3; Co. 3:5, 7.
10. Esclavos del pecado, Ro. 6:17; 7:5, 7, 8, 14, 15, 19, 23, 24.
11. Impulsado por el príncipe de la potestad del aire, Ef. 2:2.
12. La mente carnal enemiga de Dios, Ro. 8:7, 8.
13. Hijos de ira, Ef. 2:3.
14. Muertos en pecados y transgresiones, Ef. 2:1.
15. El cuerpo debilitado y condenado a la muerte, 2 Co. 4:7; Ro. 8:11.

De modo que vemos que, como resultado del pecado, el espíritu del hombre está ajeno a Dios y antagónico a Él, su mente se ha deteriorado y entenebrecido, y su cuerpo está carcomido por enfermedades y condenado a muerte. Por naturaleza, el hombre es impotente, y es un pecador que no tiene esperanza: *es un ser perdido.*

VI. El castigo del pecador

1. Definición de castigo

Castigo ha sido definido como la reacción de la santidad divina contra el pecado. Es infligir o aplicar la pena y sufrimiento sobre el culpable con el Legislador a causa de su maldad.

NOTA.— El objeto del castigo del pecador no es primeramente la reforma del culpable, ni un esfuerzo para impedir que otros lleguen al mismo estado, sino más bien la vindicación del carácter del Legislador.

Se han distinguido dos clases de castigo a saber: Moral y Positivo.

2. CASTIGO MORAL

El término «castigo moral» se usa al hablar de la consecuencia natural del pecado, los resultados de la transgresión y depravación que se manifiestan ahora en el espíritu, alma y cuerpo de todos los hijos de Adán y Eva.

NOTA.— La siguiente ilustración servirá para explicar la diferencia que existe entre los términos «castigo moral» y «castigo positivo». Un padre prohíbe a su hijo que suba a los árboles, y lo amenaza con castigo en caso de desobediencia, siendo el castigo una dieta de pan y agua durante tres días. El hijo desobedece a su padre, y al sufrir una caída de un árbol se quiebra un brazo. El largo período de sufrimiento que soporta el niño mientras sana de su quebradura puede ser llamado «castigo moral», o sea, las consecuencias naturales de su desobediencia. Pero en ningún sentido puede llamarse lo sucedido un castigo por su acto de desobediencia. De modo que cuando el hijo se haya restablecido, el padre tiene que castigarlo por su desobediencia, para mantener su autoridad y la disciplina sobre el hijo dándole su pan y agua durante tres días. Esto se llama «castigo positivo», o sea, la aplicación directa del castigo impuesto por el padre sobre el hijo, por la transgresión del último.

Sobre este punto agrega el doctor Farr: «Aunque las consecuencias naturales de la transgresión constituyen una parte del castigo por el pecado, sin embargo, no completan ese castigo. En todo castigo hay un elemento personal: La ira santa del legislador, que sólo encuentra una expresión parcial en las consecuencias naturales. Los pecados sensuales son castigados por el deterioro y corrupción del cuerpo; los pecados morales y espirituales por el deterioro y corrupción del alma, Pr. 5:22; 11:21. Pero esto es sólo la mitad de la verdad. Aquellos que limitan todo castigo a la reacción de la ley natural olvidan que Dios no es sólo inmanente en el universo, sino también trascendente; y al caer en manos del Dios Vivo (He. 10:31), es caer en las manos no solamente de la ley, sino también del Legislador. Un distintivo del castigo moral es el remordimiento de conciencia y los dolores conectados con éstos —un sentimiento de vergüenza, culpabilidad, y pesar. De modo que Miguel Ángel ha hecho tanto daño en el arte como Dante y Milton en la literatura, al dar la impresión de que sólo castigos y sufrimientos físicos serán aplicados al transgresor.

3.   EL CASTIGO POSITIVO, O EL CASTIGO FUTURO DE LOS IMPÍOS IMPENITENTES

El término «castigo positivo» se usa al referirse al destino final de los malos, 2 P. 3:9. Este destino se presenta en las Escrituras con variadas expresiones, algunas de las cuales son como sigue:

1.   La resurrección de condenación,   Jn. 5:28, 29.
2.   Enojo e ira, tribulación y angustia,   Ro. 2:8, 9.
3.   La destrucción eterna,   2 Ts. 1:9.
4.   El lago de fuego,   Ap. 20:15.
5.   El castigo del fuego eterno,   Jud. 7.
6.   El castigo eterno,   Mt. 25:41.
7.   El lago de fuego ardiente en azufre,   Ap. 19:20.
8.   La muerte segunda,   Ap. 21:8.
9.   El infierno (griego Tartarus),   2 P. 2:4.

Mientras todas las expresiones indicadas se refieren a la misma cosa, sin embargo, el destino final de los impíos impenitentes se describe comúnmente con las palabras *muerte y destrucción*. De modo que para tener un entendimiento correcto y cabal de la verdad del castigo futuro es indispensable entender el uso bíblico de estos dos términos. Estudiemos, pues, brevemente estas palabras:

La palabra muerte —griego «thanatos».
El uso bíblico de la palabra muerte es triple, a saber, muerte física, muerte espiritual, y muerte eterna.

1) MUERTE FÍSICA

Por supuesto, la muerte física es la separación del alma del cuerpo —resultando la corrupción y la destrucción del cuerpo material, Jn. 11:14; Hch. 2:24; Ro. 8:33.

2) MUERTE ESPIRITUAL

La muerte espiritual puede ser definida como la separación del espíritu de Dios. En este estado llega cada persona que nace naturalmente en el mundo. Así, por ejemplo, el hijo pródigo, Lc. 15:24; los pecadores, Ef. 2:1; la viuda amadora de placeres, 1 Ti. 5:6; y la Iglesia de Sardis, Ap. 3:1.

3) MUERTE ETERNA

La muerte eterna puede ser definida como la continuación de la muerte espiritual después de la muerte física, o sea, el estado de un alma a través de la eternidad, que muere impenitente en sus transgresiones y pecados, Ro. 1:32; Stg. 5:20.

Pero la muerte eterna es aún más que la perpetuación o continuación eterna del estado de muerte espiritual. Se habla también de la muerte eterna como «la segunda muerte», Ap. 2:11; 20:6, 14; 21:8. En Ap. 20:10 «el lago de fuego» es descrito como un lugar de tormento consciente y eterno: porque el diablo es lanzado allí, encontrando a «la bestia» y al «falso profeta» que ya han estado sufriendo por mil años. De modo, que «la muerte segunda» es un lugar de sufrimiento consciente y eterno.

NOTA.— Dice el Dr. Torrey: «La Biblia define la vida no sólo como una existencia, sino una existencia correcta —a saber: conociendo al verdadero Dios y la vida manifestada en Cristo, Jn. 11:3; 1 Jn. 1:1, 4. De modo que la muerte no es sólo «dejar de existir», sino una existencia errada, miserable, baja y diabólica. Y «la muerte segunda», que es el término final de una vida pecaminosa, es definida en el Nuevo Testamento como participar en el lugar de tormento, Ap. 21:8.

La palabra destrucción —griego «apoleia».

En el Nuevo Testamento la palabra destrucción (o perdición) tiene un significado doble, a saber: significado general y especial.

1) SIGNIFICADO GENERAL

En el Nuevo Testamento, cuando se dice que alguna cosa perece o es destruida, no quiere decir que *deja de existir*, sino que *está arruinada*, de modo que ya no sirve al propósito para el cual fue designada.

Esta idea la encontramos en Mt. 9:17, donde los cueros rotos no han perecido o sido destruidos, en el sentido de que dejaran de existir, sino que ya no sirven para contener vino, y así, como cueros vineros están arruinados.

También la vemos en Mt. 26:8. El precioso ungüento que fue derramado sobre la cabeza del Maestro no fue destruido, sino que como ungüento fue arruinado, es decir, como la leche botada no se puede recuperar.

2) SIGNIFICADO ESPECIAL

En el Nuevo Testamento el significado especial de la palabra destrucción, o perdición, es en su aplicación al futuro castigo o destino final de los impíos impenitentes, Mt. 7:13; Jn. 17:12; Ro. 9:22; Fi. 1:28; 3:19; 2 Ts. 2:3; 1 Ti. 6:9; He. 10:39; 2 P. 2:1 (en este último pasaje está traducido «condenable» y «destrucción»); 2 P. 2:2 (camino pernicioso); 2 P. 3:7, 16; Ap. 17:8, 11. Con referencia al castigo futuro notemos con cuidado los siguientes puntos:

PRIMERO: No hay ninguna evidencia o indicación de que el significado especial de destrucción o perdición difiere en manera alguna del significado general, es decir, cuando se dice que los impíos impenitentes han perecido o han sido destruidos, no se quiere decir que han dejado de existir, sino que están arruinados o perdidos, aún más, que están desterrados de la presencia de Dios, y de la felicidad y ministerio del cielo.

SEGUNDO: El significado especial de «destrucción» o «perdición» coincide con el de la muerte segunda o eterna. Este punto queda establecido por el hecho que «la muerte segunda» es sinónimo con el «lago de fuego». Es decir, si la *muerte segunda* es lo mismo que el *lago de fuego* (Ap. 20:14), y la *perdición o destrucción* es lo mismo que el *lago de fuego* (Ap. 17:8, 11; 19:20), entonces la destrucción o perdición y la muerte segunda tienen que ser una y la misma cosa.

TERCERO: Destrucción o perdición, que es la sentencia final de los impíos impenitentes, se describe en el Nuevo Testamento como la condición de seres en un lugar de tormento consciente y eterno.

Este hecho vital queda establecido al combinar la enseñanza dada en varios pasajes. Por ejemplo: En Ap. 17:8, 11 se dice que «la bestia ha de ir a perdición». En Ap. 19:20 se dice que «la bestia» es lanzada «dentro de un lago de fuego ardiendo en azufre». Es decir, «el lago de fuego ardiendo en azufre» es la «perdición» o «destrucción». Y el falso profeta fue lanzado en ese lago de fuego juntamente con la bestia. Otra vez, en Ap. 20:10 leemos que «el diablo... fue lanzado en el lago de fuego y azufre, donde está la bestia y el falso profeta: y serán atormentados día y noche para siempre jamás». Sobre este último pasaje comenta el doctor Torrey en la siguiente forma: «Aquí encontramos la bestia todavía radicada en el lago de fuego y azufre (es decir, en perdición), sufriendo aún después de mil años». Ap. 14:10, 11 también está de acuerdo con esto. Finalmente, en Lc. 16:19-31, la narración del rico y Lázaro. Esta narración es comúnmente llamada parábola, aunque el maestro no usa este término. Es más bien una revelación del porvenir, un cuadro verídico que presenta el estado de los perdidos impenitentes. Notemos lo siguiente en cuanto al rico: (1) Tiene recuerdos, v. 25; (2) siente remordimientos, v. 24; (3) sufre tormentos, v. 24; (4) se aflige por sus hermanos que aún viven, v. 28; (5) tiene una visión de Lázaro «consolado», v. 25; (5) vanamente pide misericordia y alivio, vv. 25, 26; (7) Hay «una grande sima» que separa a los impíos impenitentes de los santos de Dios. Indudablemente la enseñanza de este pasaje es que el castigo futuro de los impíos es consciente y sin fin.

CUATRO: La eternidad del tormento de los impíos impenitentes se expresa por la frase «día y noche para siempre jamás», Ap. 20:10. Esto significa literalmente «día y noche hasta los siglos de los siglos». Pero se objeta que esta frase se refiere a un período limitado aunque desconocido en cuanto a duración. En contestación puede decirse que la expresión «día y noche» parece implicar un sentido de tiempo en el estado eterno. Véase Ap. 4:8; 7:15; 12:10; 14:11; 20:10. En cuanto a la expresión «para siempre jamás» (literalmente, hasta los siglos de los siglos), la encontramos doce veces en el libro de Apocalipsis, a saber: 1:6; 4:9, 10; 5:13; 7:12; 10:6; 11:15; 14:11; 15:7; 19:3; 20:10; 22:5. Ocho veces se refiere a la duración del reino de gloria de Dios y Cristo, una vez al bendito reinado de los justos, y las tres veces restantes se refiere al tormento del diablo, la bestia, el falso profeta y los impíos.

NOTA.— La palabra griega «aion» significa una época —una sucesión indefinida de siglos— hasta los siglos de los siglos. Ha sido objetado que «aionios» no puede significar duración eterna, porque es aplicada a veces a objetos que tienen fin, a saber, a «los montes eternos», Gn. 49:26. El doctor Farr contesta an esta objeción en la siguiente forma: Puede concederse que «aionios» no necesita la idea de la eternidad, y que a veces es usado para expresar duración limitada. Pero sí expresa la más larga duración posible de que el objeto es capaz.

De modo que si el alma es inmortal, su castigo tiene que ser sin fin. Se usa esta palabra varias veces para expresar la vida y duración de Dios mismo, Ro. 6:26; 1 Ti. 1:17; He. 9:14; Ap. 1:18. La palabra «aionios» es usada en el Nuevo Testamento sesenta y seis veces; cincuenta y una veces para hablar de la felicidad de los justos, dos veces para hablar de la duración de Dios y su gloria, seis veces donde no puede haber la menor duda de que habla de la eternidad, y siete veces para hablar del castigo de los malos. Se usa la palabra «aion» noventa y cinco veces para hablar de duración limitada y nueve veces para denotar la duración de castigo futuro. al cual son aplicadas, entonces no hay palabras en dicho idioma que lo expresen.

QUINTO: La enseñanza de las Escrituras dice claramente que la suerte eterna del ser humano se decide en esta vida. Veamos Lc. 16:26; Jn. 5:28, 29; 8:21; He. 9:27.

SEXTO: No hay ningún pasaje en la Biblia que dé la esperanza de una «segunda oportunidad» para los que han muerto sin haber oído de Cristo. El pasaje de Ro. 2:12-16 es introducido por el apóstol no para mostrar que los hombres pueden ser salvados por la luz de la naturaleza, sino más bien para mostrar que el gentil está bajo condenación por la ley escrita en su corazón, tal como el judío lo era por la ley de Moisés. Ro. 3:19-22 es terminante en su enseñanza de que ambos, judíos y gentiles, son salvados únicamente por la fe en Cristo. Dice el doctor Torrey lo siguiente: «El estado futuro de los que rechazan la redención que les es ofrecida en Cristo es declarado como un estado consciente de indecible y eterno tormento y angustia. Verdad es que es un concepto horrible y espantoso. Pero es el concepto bíblico, y es, además, razonable, especialmente en vista de la terrible naturaleza del pecado, de ese pecado que pisotea la misericordia de Dios hacia los pecadores y rechaza al glorioso Hijo de Dios que su amor ha provisto como Salvador. Las teorías de un castigo menor sobre los impíos tienen su base en conceptos superficiales del pecado, de la santidad de Dios y de la gloria de Jesucristo y su obra a favor nuestro. Una vez que vemos el pecado en toda su fealdad y enormidad, la santidad de Dios en toda su perfección y la gloria de Jesucristo en toda su infinidad, entonces nada satisfará nuestra propia intuición moral, sino sólo una doctrina que enseñe que los que persisten en el pecado y aman las tinieblas más que la luz, y siguen rechazando al Hijo de Dios, tendrán que soportar angustia y sufrimiento eternos. Sólo el hecho de que tememos el sufrimiento, más de lo que aborrecemos el pecado, y más de lo que amamos la gloria del Señor Jesucristo, nos hace repudiar el pensamiento de que los seres que eternamente escogen el pecado deben sufrir eternamente, o que hombres que desprecian la misericordia de Dios y rechazan a su Hijo deban ser entregados a la angustia.

SÉPTIMO: En vista de esta doctrina, ¿qué, entonces, de nuestros amigos y parientes impenitentes? Otra vez citamos al doctor Torrey, quien en su libro *Lo que enseña la Biblia*, dice: «Es mejor reconocer los hechos, por amargos que sean, y tratar de salvar a esos amigos de la destrucción a la cual se dirigen, y no oponernos a esos hechos tratando de removerlos, o cerrando nuestros ojos ante ellos. Es imposible evadir el huracán sólo por creer que no viene. Supongamos que uno de los que usted ama cometiera algún terrible mal contra uno a quien usted ama más y persistiera en ese mal eternamente, ¿no consentiría usted en su castigo eternal? Si después de haber pecado los hombres, Dios aún les ofrece misericordia y hace el tremendo sacrificio de su Hijo para salvarnos, ellos siguen despreciando esa misericordia, pisotean al Hijo de Dios, y si ellos son relegados al castigo eterno, entonces digo yo: «Amén, aleluya. Verdaderos y justos son tus juicios, oh Señor.»

En todo caso, la doctrina del tormento consciente y eterno para los hombres impenitentes es claramente revelada en la palabra de Dios, y aunque no podamos defenderla filosóficamente, es nuestro deber creerla y esperar hasta que la clara luz de la eternidad nos explique lo que ahora no podemos entender, reconociendo al mismo tiempo que Dios puede tener razones infinitamente sabias para sus obras, que nosotros, en nuestra ignorancia, no podemos comprender.

En conclusión, hay dos cosas seguras: Primero, cuanto más cerca de Dios anden los hombres y cuanto más devotos y entregados a su servicio sean, tanto más probable es que crean esta doctrina. Muchos hombres nos dicen que aman demasiado a sus prójimos para creer semejante doctrina; pero los hombres que demuestran su amor en forma más práctica que en protestas sentimentales, los hombres que muestran su amor a sus semejantes como lo mostró el Señor Jesucristo poniendo su vida por ellos, éstos la creen, como Jesucristo la creyó.

A medida que los cristianos llegan a ser mundanos y acomodados, empiezan a estirar sus conceptos de la doctrina que afecta la suerte final de los impenitentes. El hecho de que esas doctrinas sueltas o fáciles se extiendan tan rápidamente hoy día, no quiere decir nada a su favor, sino más bien en su contra, porque la mundanalidad también se está extendiendo en la iglesia: 1 Ti. 4:1; 2 Ti. 3:1; 4:2, 3. La relajación de la vida va del brazo con la relajación de la doctrina. Una iglesia que baila y va al teatro durante la semana, desea para el Domingo una doctrina que no sea severa para los impenitentes.

Segundo, los hombres que aceptan una doctrina errada tocante a la última pena por el pecado (Restauración, Universalismo, o Aniquilación), pierden el poder que da Dios. Puede ser que sean diestros en la argumentación y celosos en proselitizar, pero no sirven para ganar verdaderamente las almas para Cristo. Muy pocas veces se les oye rogar a las almas que se reconcilien con Dios. Lo más probable es que estén dedicados sus esfuerzos a tratar de echar por tierra la fe de los que han sido ganados por los hombres que creen en una pena última como la merece el pecado. Si realmente creemos la doctrina del tormento consciente y eterno de los impenitentes, y esa doctrina realmente nos domina, entonces trabajaremos como nunca antes por la salvación de los perdidos. Romper en lo más mínimo esa doctrina, apagará el celo. Vez tras vez el autor ha estudiado esta doctrina y ha tratado de buscar un término medio; pero ha fracasado en cada ocasión, y al final de cada tentativa, al mirar honestamente la Biblia, ha sido reforzado en su fe y ha regresado a su trabajo con más celo y abnegación a favor de las almas perdidas.

Finalmente, no debemos creer esta doctrina de una manera fría, intelectual o argumentativa. Si lo hacemos y tratamos de enseñarlo así, en vez de atraer a los hombres, ellos huirán. Pero debemos meditar en ella en todos sus aspectos, prácticos y personales, hasta que el corazón esté sobrecargado por la evidencia del terrible peligro en que se encuentran los impíos, y entonces tendremos que salir para gastar hasta el último centavo, si fuese necesario, y la última onza de fuerza que tengamos, para salvar a esos seres humanos de un infierno de agonía consciente hacia donde se precipitan.

CAPÍTULO VI

Sexta Doctrina - Doctrina de Cristo

PRIMERA PARTE

La persona de Cristo

I. Preexistencia de Cristo

1. COMPROBACIÓN

Las Escrituras enseñan con toda claridad que siendo la segunda persona de la Trinidad, Jesucristo existió ante de su encarnación. Jn. 1:1-5; 8:58; 17:5, 24; Co. 1:13-17; He. 1:2, 8; 2:10.

2. NATURALEZA

Ésta era doble: en cuanto a Dios, y en cuanto a la creación.

1) EN CUANTO A DIOS

En cuanto a Dios, Jesucristo era el «Unigénito Hijo», Jn. 1:14, 18; 3:16, 18; 1 Jn. 4:9.

NOTA.— Como Hijo, «el unigénito del [griego "para", desde el lado del] Padre», Jesucristo fue engendrado no en el tiempo sino en la eternidad. Teológicamente, esta verdad es llamada «la generación eterna del Hijo». En el desarrollo histórico de la doctrina de la Trinidad en las Escrituras, no es el Padre la primera persona, sino Cristo, la segunda persona, que es revelado primero. Como hemos visto, y veremos otra vez, Cristo es el Jehová del Antiguo Testamento, quien hizo y sostiene el universo, y se reveló de muchas maneras a su pueblo antiguo. La revelación de Cristo, en su relación de Hijo, y la consiguiente revelación de la primera persona de la Trinidad en relación de Padre, aparece en conexión con la doctrina del Reino, véase 2 S. 7:12-17; Sal. 2:7; Sal. 89:24-29.

2) EN CUANTO A LA CREACIÓN

En cuanto a la creación, Jesucristo es el «primogénito», Ro. 8:29; Co. 1:15, 18.

NOTA.— En Co. 1:15 se declara que Jesucristo es el «primogénito de toda la creación», mientras en el versículo 18 se le declara «el primogénito de entre los muertos». Éstas, entonces, son las dos relaciones en que Él es el primogénito, es decir, en creación y resurrección. Los creyentes en Cristo no pueden participar del título «unigénito», pero por adopción espiritual participamos de su título de «primogénito», Ro. 8:29; He. 12:23. En el último pasaje, la palabra griega «primogénito» está en plural, véase 3:14.

3. GLORIA ORIGINAL

El carácter de preexistencia de Cristo no puede tener mejor expresión que la de gloria original, Jn. 17:5, 24; Fil. 2:6-7; Co. 1:15; He. 1:3.

NOTA.— Lo que precisamente era una gloria original no sabemos. Jesús estaba «en el seno del Padre», Jn. 1:18; y era amado por el Padre «antes de la fundación del mundo», Jn. 17:24. Éstas y otras frases expresan las relaciones inefables dentro de la Deidad, que podemos comprender. Sobre Fil. 2:6 el léxico griego de Thayer dice: «La forma [griego "morphe"] es aquello por medio del cual la persona o cosa hiere la visión, la apariencia externa». No hay nada en este pasaje que enseñe que el eterno Verbo (Jn. 1:1) se haya revestido de su naturaleza divina ni de sus atributos, sino sólo de la manifestación visible externa de la Deidad. «Él se vació, se despojó de la insignia de Majestad» (Lighfoot). «Cuando lo exigía la ocasión, Él ejercía sus atributos divinos» (Moorehead).

En su estado preexistente se le atribuye a Cristo un triple oficio, a saber:

1) CREADOR

En el estudio de la Doctrina de Dios, bajo el tema de la Creación, hemos visto que el universo creado es la obra de Cristo, Jn. 1:3; Co. 1:16; He. 11:3.

2) SUSTENTADOR

Bajo el tema de Preservación (Doctrina de Dios) vemos que el universo creado es sostenido y controlado por Cristo, Co. 1:17; He. 1:3.

3) ARQUITECTO DE LOS SIGLOS

En He. 11:3 leemos que «fueron compuestos los siglos por la palabra de Dios». Literalmente esto quiere decir que *los siglos tomaron sus formas por la orden de Dios*. Éste pasaje nos enseña una verdad estupenda y gloriosa, que estudiaremos más en detalle en la Doctrina Profética. Es que las dispensaciones, que se extienden sucesivamente desde la creación hasta los nuevos cielos y nueva tierra, han sido ideadas y ejecutadas por Cristo. Como sabemos, estamos ahora en la dispensación de la gracia, que principió en Pentecostés y terminará con la Parousía, o arrebatamiento de la iglesia.

5. MANIFESTACIONES EN EL ANTIGUO TESTAMENTO

Desde Génesis hasta Malaquías hay frecuentes referencias a las Cristofanías, o sea, apariciones de Cristo a su antiguo pueblo. Éstas eran dos clases, a saber; símbolos materiales, y manifestaciones en forma humana. La última clase constituye las verdaderas teofanías o Cristofanías. (Teofanía significa aparición de Dios, y Cristofanía, aparición de Cristo.)

1) SÍMBOLOS MATERIALES

Desde los días del Huerto del Edén, hasta la destrucción del Templo de Salomón, ha habido una representación palpable de Dios en la tierra. Nuestros primeros padres tuvieron el privilegio de ver la faz y oír la voz de Jehová, Gn. 3:8. La palabra «presencia» en este versículo es más bien *faz*. Había aquí una manifestación tanto al ojo como al oído. Después de la caída, Dios puso a la entrada del Edén un querubín y una espada encendida, que eran manifestaciones visibles de su presencia. Era delante de esta presencia de Dios donde Caín y Abel trajeron sus ofrendas, y de esa presencia huyó Caín. Además, el Señor habló a Caín acerca de su hecho sangriento, Gn. 4:4, 5-16. También a los patriarcas se presentó el Señor en forma visible y audible, Gn. 17:1; 18:1; Hch. 7:2. Jehová apareció a Moisés en la zarza ardiente y le habló, Éx. 3:1-6. Y finalmente, en la columna de nube y fuego, y en su gloria de Shekinah en el tabernáculo y templo, Jehová se manifestó repetidamente y habló con sus siervos Moisés y Josué, haciendo saber su voluntad a Israel, Éx. 13:21; 14:15; 19:24; 20:1-26; 40:34-38; 1 R. 8:10, 11; 2 Cr. 5:13-14. En los templos de Zorobabel y de Herodes no había manifestación visible de la presencia de Jehová.

2) MANIFESTACIONES EN FORMA HUMANA

En el Antiguo Testamento se hace mención de un personaje augusto y celestial, «quien obra en el nombre de Jehová, cuyo propio nombre es permutable por el nombre de Jehová, y quien recibió honor y reverencia divinos». Los nombres más prominentes dados a este ser celestial son: Ángel, Ángel de Jehová, Ángel de la Presencia (o rostro), y Ángel o Mensajero del Pacto. Éste no puede ser otro que el Jehová del Antiguo Testamento o el Cristo del Nuevo Testamento, el que se encarnó como el Verbo, o «Logos», Gn. 16:10, 13; 18:16-22; 22:11-12; 32:24; 48:16; Éx. 3:2; 23:20-25; 32:34; 33:21-23; Jos. 5:13-15; Jue. 13:3-20; Is. 63:9; Dn. 10:13; Zac. 1:11, 12; Mal. 3:1.

NOTA.— La identidad de los símbolos materiales del Cristo preexistente con sus manifestaciones en forma humana, es clara en tales pasajes como Éxodo 3:2 y 14:19. Ni tampoco hay duda alguna de que estos símbolos y teofanías fueran manifestaciones y apariciones del Cristo preexistente. «La gloria de Jehov» y «la palabra de Jehová» son nombres frecuentemente encontrados en el Antiguo Testamento, y hablan de las representaciones sensibles de Dios. El primero describe lo que apela al ojo, el último al oído. En el primer capítulo de Juan se usan estas mismas expresiones descriptivas de Cristo. En el verso 14 leemos: «Y aquel Verbo [literalmente "logos", palabra] fue hecho carne, y habitó entre nosotros [y vimos su gloria, gloria como del Unigénito del Padre] lleno de gracia y de verdad.» La comprobación de este hecho se halla en los «targums» o paráfrasis caldeas del Antiguo Testamento, que se hicieron para uso de aquellos que volvieron del cautiverio babilónico y que no entendían el hebreo. Aquí la expresión «palabra de Jehová» es comúnmente sustituida por el nombre de Jehová. Así «y oyeron la voz de la palabra de Jehová que paseaba en el huerto», Gn. 3:8. «Y Jacob hizo voto a la palabra diciendo: Si fuere la Palabra de Jehová conmigo, y me guardare en este viaje», Gn. 28:20. Ahora a los judíos a quienes Juan escribió su evangelio les eran conocidos los «targums» caldeos y ellos comprendían la expresión «la Palabra de Jehová» o «la Palabra» como referencia a Jehová. Por supuesto, Juan mismo la entendió así. Como hemos demostrado, las Escrituras del Antiguo Testamento explican satisfactoriamente el origen del término, que con su uso Juan quiso enseñar que el Jehová del Antiguo Testamento se había encarnado en el Cristo del Nuevo Testamento. Estudiantes modernos de la Biblia se sienten en la necesidad de comprobar la Deidad de Cristo. No así Juan; su afirmación era que aquel a quien ahora conocemos como la segunda persona de la Trinidad, Jehová de la revelación del Antiguo Testamento, se encarnó en Jesús de Nazaret.

6. TRES CUADROS PROFÉTICOS

Hay tres cuadros del Cristo preexistente, tan llamativos y hermosos, que merecen atención y énfasis especial:

1) EL CORDERO PASCUAL

Éste es un cuadro del Cordero Pascual, Éx. 12. Juan el Bautista identificó a Cristo como el cordero sacrificado, Jn. 1:29. Juan, el vidente en la isla de Patmos, tuvo una visión de nuestro Señor como el Cordero ensangrentado, Ap. 12:11.

2) EL SIERVO OBEDIENTE

Éste es el cuadro de cristo, visto en el Sal. 40:6-8, véase He. 10:5-10. Indudablemente estos pasajes se refieren primeramente a Éx. 21:2-6, donde leemos del esclavo hebreo, quien no queriendo aceptar la libertad que le correspondía por derecho, debido a su amor a su Maestro, se sometió a la perforación de la oreja con una lesna, como sello de servicio voluntario y perpetuo. En el Sal. 40:6 la palabra «abierto» significa «agujereado» o «taladrado», una referencia a Éx. 1:6.

3) EL HIJO AMADO

Éste es el cuadro presentado en tres pasajes que ya hemos considerado en otra ocasión; 2 S. 7:14-16; Sal. 2:7; 89:25-29. En el momento del bautismo de Jesús, el Padre lo identifica como su Hijo Amado, Mt. 3:17; Mr. 1:11; Lc. 3:22: Esto se repitió en la transfiguración, Mt. 17:5; Mr. 9:7; Lc. 9:35, véase Is. 42:1; Ef. 1:6.

II.   La encarnación de Cristo

1.   PRUEBA

Es enseñanza clara y expresa de las Escrituras, tanto por vía de la palabra profética como por declaración histórica, que Jehová del Antiguo Testamento se encarnó en Jesús de Nazaret, el Mesías de Dios, Gn. 3:15; Dt. 18:18; Is. 9:6; Mt. 1:18-25; Lc. 1:26-35; Jn. 1:14; Hch. 10:38; Ro. 8:3-4; Gá. 4:4; 1 Ti. 3:16; He. 2:14; Is. 7:14.

NOTA.— «Encarnación» es una palabra latina, y significa literalmente asumir la humanidad. Esto se ha expresado claramente en pasajes como Ro. 8:3 y He. 2:14.

2. PROPÓSITO

Es enseñanza clara y expresa de las Escrituras que el propósito de la encarnación era la *redención*, Gn. 3:15; Is. 53:4, 5; Mt. 1:21; 20:28; Lc. 1:68-75; Jn. 3:16, 17; Gá. 4:4, 5; 1 Ti. 1:15; 1 Jn. 3:8; 4:10.

NOTA.— Hay algunos que sostienen que si nuestros primeros padres no hubiesen pecado el Señor Jesucristo habría venido igualmente al mundo. Esto puede ser cierto, pero no conocemos ningún pasaje de la Biblia que lo enseñe. Al contrario, los pasajes citados arriba y muchos otros enseñan claramente que la encarnación fue efectuada para hacer expiación por el pecado.

3. CONDESCENDENCIA

Asumir forma humana fue un acto de condescendencia de Jehová. Dice el doctor Farr: «Como hemos visto, no podemos decir que Cristo no se haya presentado a la raza humana hasta que ésta tuvo cerca de cuatro mil años de edad. El «Logos» encarnado, en donde vemos la divinidad que se había perdido restaurada a la humanidad, es el misterio más grande del evangelio. 1 Ti. 3:16; Mt. 11:27; Co. 2:2. Fue un acto de indecible condescendencia del Hijo de Dios al inclinarse y tomar en unión personal y perpetua consigo mismo una naturaleza infinitamente inferior a la suya. Así lo representa la Escritura, Gá. 4:4; Fil. 2:5-8.

NOTA.— La confesión de Westminster dice: «La humillación de Cristo consistió en que naciera, y eso es una condición baja; que fuese hecho sujeto a la ley; que soportase las miserias de esta vida, la ira de Dios, y la muerte maldita de la cruz; en que fuese sepultado, y que continuase bajo el dominio de la muerte por un tiempo.»

4. Perpetuidad

La enseñanza inequívoca de las Escrituras es que el Hijo de Dios asumió para siempre la humanidad que Él tomó en su nacimiento de la virgen. Su encarnación es a *perpetuidad*. Para esto hay, principalmente, tres razones:

1) Es esencial a la integridad de la humanidad de nuestro Señor

Jesucristo es el Dios-hombre, que posee una naturaleza divina-humana. Según el Credo de Nicea Él es «esencialmente Dios, y esencialmente hombre». Antes del nacimiento virginal, podemos hablar, por supuesto, sólo del Hijo de Dios; pero después de aquel acontecimiento histórico milagroso podemos también hablar del Hijo del Hombre. Otra cosa, la encarnación fue voluntaria... no fue por compulsión que el «Verbo se hizo carne y habitó entre nosotros», Jn. 1:14. Pero después de haber asumido voluntariamente nuestra humanidad, Jesucristo no podría deponerla sin dejar de ser el Hijo del hombre. Él es ahora y para siempre el «Hombre en la Gloria». Las apariciones de Jesús después de su resurrección dan evidencia indubitable de que poseía un cuerpo literal, pero glorificado. Mt. 28:9; Lc. 24:3, 15, 30, 31, 40, 42, 50; Jn. 20:17, 22-29; 21:7, 15. Además, las apariciones de Jesús después de su ascensión lo representan con un cuerpo literal pero glorificado, Hch. 7:56; 9:4-6; Ap. 1:9-18. Finalmente, la enseñanza de las epístolas es concluyente en cuanto a la perpetuidad de la encarnación, Ro. 4:25; 6:3-5; 7:4;

8:11; 1 Co. 15:3-8, 20, 23; Ef. 5:30; Fil. 3:20:1; 1 Ts.
4:14; He. 2:14-16; 13:8.

NOTA.— La humanidad glorificada de Cristo es el manantial de nuestra vivificación física por el Espíritu Santo: Ro
8:11; Ef. 5:30; la base de una simpatía y socorro; He. 2:17, 18;
4:14-16; 7:25; y la garantía y modelo de nuestros propios cuerpos glorificados, 1 Co. 15:20-30; Fil. 3:20, 21; 1 Ts. 4:14-16; 1
Jn. 3:2.

2) ES ESENCIAL PARA LA INTERCESIÓN SACERDOTAL
    DE NUESTRO SEÑOR

Sin el cuerpo literal pero glorificado, Jesucristo sería descalificado para ejercer su ministerio sacerdotal
de intercesión. Ro. 8:34; He. 2:14-18; 3:1; 4:14-16;
6:20; 7:23-28; 9:24; 12:2.

Dice el doctor Farr: La condición esencial en el
ejercicio de aquel oficio de Sumo Sacerdote es participar de nuestra naturaleza; uno que «pueda compade-
cerse de nuestras flaquezas, siendo tentado en todo,
pero sin pecado, y así presentar nuestras necesidades
delante del Padre, y conseguir para nosotros misericordia y gracia para el oportuno socorro».

3) ES ESENCIAL PARA LA VUELTA DE NUESTRO SEÑOR
    Y SU REINADO MILENIAL

Sin su cuerpo Cristo no podía volver personal, literal y visiblemente a la tierra, Hch. 1:11. Además, Jesús
ha de sentarse en el trono y establecer su reino milenial de justicia y paz, como Hijo de David y Heredero,
2 S. 7:12-16; Sal. 89: 2-4; 132:11; Is. 9:6, 7; 55:3, 4; Os.
3:5; Am. 9:11.

5. REVELACIÓN

La encarnación es una revelación divina en tres aspectos principales:

1) ELLA TRAJO A DIOS AL HOMBRE

La encarnación no fue solamente un paso necesario para la redención, sino también reveló a Dios *al* hombre y *en* el hombre, Mt. 1:23; Co. 1:27.

NOTA.— Dice el doctor Farr: «La encarnación no fue, al principio, tanto una revelación como un oscurecimiento. Cristo necesitaba un testigo que lo atestiguara hasta que Él fuese revelado en la transfiguración y la resurrección. Este testigo fue Juan el Bautista. Era una nueva revelación de amor, Jn. 1:18 (literalmente, ha hecho una exégesis del Padre) Jn. 3:16. La revelación en la creación y la providencia es parcial e incompleta; pero en el Hijo, es en el más alto grado perfecta y gloriosa.

2) LA ENCARNACIÓN ESTABLECIÓ UNA NUEVA COMUNIÓN

El vínculo de unión entre Dios y el hombre, que había sido roto por el pecado, fue restaurado después de 4.000 años, en Cristo. «Entonces apareció el Hijo de Dios en la carne; y una expiación, que en ninguna manera podría originarse de la criatura, se efectúa por el Creador mismo», Lc. 1:10; Jn. 6:33; 2 Co. 5:19; He. 2:14.

3) LA ENCARNACIÓN REQUIRIÓ UNA NUEVA CREACIÓN

Cristo vino a ser el «primogénito de entre los muertos» a fin de que nosotros, sus «hermanos» por naturaleza y fe, fuésemos transformados a su imagen. Ro. 8:29; Co. 1:18; 2 Co. 5:17. Como se ha dicho: «El Verbo se hizo carne, para que la carne fuese conformada al Verbo.»

6. NATURALEZA DOBLE

Las Escrituras enseñan claramente que nuestro Señor es tanto *humano* como *divino*. Jesucristo es tanto Dios como hombre —el Dios-hombre.

1) SU HUMANIDAD

Ésta se atestigua por:

1. Su nacimiento, Mt. 2:1; Lc. 2; Jn. 1:14; Gá. 4:4.
2. Sus múltiples experiencias, tales como ser hombre, Mt. 4:2; experimentar la sed, Jn. 19:28; el cansancio, Jn. 4:6; La tentación, Mt. 4:1 (véase Stg. 1:13); el sufrimiento, Hch. 2:9, 18.
3. Su muerte, Mt. 27:50; Mr. 15:37; Lc. 23:46; Jn. 19:30-34.

2) SU DEIDAD

Ésta se atestigua por:

1. La palabra profética, Sal. 2:2-9; 45:6, 7; 110:1; Is. 7:13, 14; 9:6, 7; Mi. 5:2.
2. Las propias declaraciones de Cristo, Jn. 8: 56:58; 10:30-32.
3. Se le atribuyen a Cristo facultades divinas, Mt. 28:20; Jn. 3:13 (omnipresencia); Mr. 11:2, 4; Jn. 11:11, 14 (omnisciencia); Mt. 18; Lc. 7:14; Jn. 5:21-23, 6:19 (omnipotencia).
4. El uso de títulos divinos, Jn. 1:1; 20:28; Hch. 20:28; Ro. 1:4; 9:5; 2 Ts. 1:12; 1 Ti. 3:16; Tit. 2:13; Heb. 1:8; Jn. 5:10.

NOTA.— Jesús es el Jehová del Antiguo Testamento. En el idioma hebreo del A.T. el nombre Jehová aparece unas 11.600 veces. Los judíos, movidos por sentimientos de reverencia o superstición, evitaron la pronunciación de su nombre sagrado, es decir, de Dios, a saber. Yahwe, y lo sustituyeron por el nombre Adonai, que significa Maestro, o Señor. Cuando observamos en el Nuevo Testamento las citaciones de textos del Antiguo Testamento, y especialmente textos que contienen el nombre «Jehová», nos convencemos absolutamente que nuestro Señor Jesucristo es igual e idéntico con el Padre; pues los pasajes que en el Antiguo Testamento contienen el nombre «Jehová», se citan y se aplican a Cristo en el Nuevo, de tal manera que queda demostrado que Él es Jehová Jesús, uno con el Dios del eterno pasado, el mismo manifestado en la carne presente, y el Dios que viene en el futuro. Éste es el clímax de todos los argumentos y evidencias tocante a la deidad de nuestro Señor, véase Sal. 102:25-27 y He. 1:10-12; Is. 40:3 con Mt. 3:3; Jer. 23:6 con Ro. 3:21-26 y 1 Co. 1:30.

5. El homenaje de adoración divina, Mt. 2:11; 15:25; 20:20; 28:9; Lc. 24:52; Jn. 20:28.

6. El perdón de los pecados, Mr. 2:5-7; Lc. 7:48; 24:47.

7. La posesión de santidad absoluta, y la resurrección de los muertos, Jn. 8:46; Ro. 1:4.

7. NOMBRES

Se aplican a Cristo varios nombres sugestivos y llamativos, tales como los siguientes:

1) JESÚS

Esta palabra quiere decir salvador o salvación, y liga al Redentor a la humanidad, Mt. 1:21.

2) CRISTO

Esta palabra quiere decir *ungido*; es el nombre mesiánico, y lo liga con la profecía, que Él vino a cumplir, Jn. 1:41.

3) SEÑOR

Esta palabra quiere decir *Maestro*; es el nombre correspondiente a Jehová, y lo liga con la deidad, que Él vino a representar y revelar, Hch. 9:5.

NOTA.— El orden histórico de estos tres nombres dado en Lc. 2:11: «Un Salvador, el cual es Cristo el Señor.» Durante su vida terrenal el nombre preeminente es Jesús; durante su ministerio pontificio es preeminentemente Cristo; durante su reinada milenial será preeminentemente Señor. Así, Jesús, sugiere su oficio de profeta; Cristo, su oficio de sacerdote; y Señor, su oficio de rey. «Estos tres nombres también sugieren la relación y responsabilidad del hombre —de obedecerle como Profeta; de confiar en Él como Sacerdote; de rendirse a Él como Rey» (Pierson).

4) EL ALPHA Y LA OMEGA

El principio y el fin, el primero y el último, el Señor, que es, y que era, y que ha de venir, Ap. 1:8; 1:17-22:13. Dice el doctor Pierson: «Alpha y Omega, la primera y la última letra del alfabeto griego, sugieren la literatura —las Escrituras; Principio y Fin, la creación material; Primero y Último, las edades históricas, o períodos de tiempo; qué es, y qué era, y que ha de venir— la eternidad de Jehová. Así se le declara aquí, Él mismo se declara ser el tema de toda la Escritura; el Creador de todos los mundos y criaturas; el Director de toda la historia, y el Jehová eterno e inmutable.»

8. UNIÓN PERSONAL O HIPOSTÁTICA

La naturaleza humana y la naturaleza divina —cada una en su forma íntegra— son orgánica e indisolublemente unidas en la persona única de Jesucristo. Esto se llama en lenguaje teológico: «la unión hipostática» o la unión personal. En nuestra manera de pensar, y en nuestra predicación, es preciso observar un cuidado extremo a fin de no dividir la Persona, ni confundir las naturalezas de Cristo. No es bíblico decir que Cristo era Dios y hombre —sino que era el Dios-hombre.

1. No hay ningún intercambio de pronombres personales, como «yo» o «tú» entre las naturalezas humana y divina al hablar de Cristo o al referirse a Él, como sucede entre las tres personas de la Trinidad, Jn. 14:26; 17:23.

2. Ni la naturaleza humana ni la divina obran independientemente una de la otra; sino que en todo pensamiento, palabra y acto, las dos naturalezas están unidas tan inseparablemente que el pensamiento, palabra o acto es el producto de una sola personalidad. Así, no podemos decir que como *hombre* Jesús nació, mientras que como *Dios* Él recibió los títulos divinos y adoración, obró milagros y perdonó el pecado; sino que tenemos que decir que como Dios-hombre nació, sufrió las experiencias múltiples de la humanidad, murió en la cruz, recibió títulos divinos y adoración, obró milagros y perdonó pecados. «Las características de ambas naturalezas se atribuyen a cualquiera de las dos, de manera inexplicable, excepto sobre la base de que son unidas en una persona. Esto puede explicar muchas afirmaciones de las Escrituras que parecen contradictorias. Por ejemplo, decimos que Cristo existió antes de Abraham y, sin embargo, nació en el reinado de Augusto; que Él es el mismo, ayer, hoy y por los siglos, y, sin embargo, lloró, se cansó, sufrió, sangró y murió» (Far).

3. La unión de las dos naturalezas en una persona es esencial para que Cristo fuese el mediador entre Dios y el hombre, 1 Ti. 2:5. «La naturaleza doble de Cristo le da comunión con las dos partes, puesto que ella envuelve una dignidad igual a Dios y al mismo tiempo una simpatía perfecta con el hombre. Siendo hombre, Él puede hacer una expiación; siendo Dios, su expiación tiene un valor infinito. Un salvador meramente humano jamás podría reconciliarnos o reunirnos con Dios», He. 2:17, 18; 4:15, 16; 7:25.

9. ERRORES EN APRECIAR LA DOCTRINA DE CRISTO

Principiando con los días de los apóstoles y continuando hasta el tiempo presente, se han sostenido muchos errores acerca de nuestro Señor. Estos errores pueden atribuirse a una de dos causas: primero, a la falta de hacer distinción clara entre sus dos naturalezas; y segundo, a la falta de mantener la unidad de su persona. Los siguientes son los errores principales al respecto:

1) ERRORES DEL PRIMER SIGLO

1) *Ebionismo*

Se supone que el Ebionismo proviene de una palabra hebrea que significa *pobre*; este error terminó cerca del fin del primer siglo. Consistía en la negación de la naturaleza divina de Cristo. «Sostenía que nuestro Señor era meramente un hombre, sea concebido de madre natural o sobrenatural. Este hombre, con todo, tenía una relación especial con Dios, ya que desde el tiempo de su bautismo reposaba sobre Él una plenitud ilimitada del Espíritu Divino. El Ebionismo no era otra cosa que el judaísmo dentro de los confines de la iglesia cristiana, y su negación de la Deidad de Cristo era ocasionada por la incompatibilidad aparente de esta doctrina con el monoteísmo» (Strong).

2) *Cerintianismo*

El Cerintianismo viene de Cerinto, un hereje que alcanzó bastante figuración en los días del apóstol Juan. Esto era un brote de Ebionismo, y sostenía que no había ninguna unión real y esencial entre las dos naturalezas de Cristo antes de su bautismo. Este error fundaba la Deidad de Cristo no sobre su nacimiento sobrenatural, sino sobre su bautismo e investidura del Espíritu.

3) *Docetismo*

Docetismo proviene de una palabra griega que significa *parecer o aparecer*; este error abundó desde la primera parte del primer siglo hasta la última parte del segundo. Consistía en la negación de la humanidad de Cristo, y fue atacado por el apóstol Juan en su primera epístola: 4:1-3. Al negar la realidad del cuerpo de Cristo, el Docetismo demostró su conexión con el

Gnosticismo. «Esta teoría vino como consecuencia lógica de la asunción del mal inherente de la materia. Si la materia es mala y Cristo era santo, entonces el cuerpo humano de Cristo no podría haber sido más que un fantasma. El Docetismo no era otra cosa que una filosofía puramente pagana introducida en la iglesia» (Strong).

3) ERRORES DE LOS SIGLOS CUARTO Y QUINTO

1) *Arrianismo*
Arrio, un presbítero de la iglesia de Alejandría, de Egipto, en el siglo IV, negó la Deidad de Cristo y también su generación eterna del Padre. El arrianismo fue condenado en el Concilio de Nicea en el año 325 d.C.

NOTA.— Arrio negó la integridad de la naturaleza divina de Cristo. El consideró el Logos, que se unió a la humanidad de Cristo, como el primero y más alto de los seres creados, pero sin alcanzar el nivel de la Deidad misma. Es decir, Jesucristo antes de su encarnación, era la más alta de las criaturas de Dios, pero no Dios mismo. Esta teoría se originó de una mala interpretación de las narraciones de las Escrituras respecto al estado de humillación de Cristo; y de no comprender que la subordinación temporal de Cristo en sus oficios no significaba una desigualdad original y permanente.

2) *Apolinarianismo*
Apolinario, obispo de la iglesia de Laodicea, en el siglo IV, negó que la naturaleza humana de nuestro Señor fuese completa en todas sus partes. Aceptando la división triple del hombre, a saber: el cuerpo (griego, *soma*), el alma *(psuche)*, y espíritu *(pneuma)*; Apolinario negó a Cristo un alma humana, supliendo su lugar por el *Logos* divino. De este modo Jesús vino a ser humano sólo en dos partes. El motivo del buen obispo era digno, pero sus procesos mentales eran equivocados y lo llevaron a un error muy grave. Él consideraba el alma humana como el asiento del pecado; Cristo era sin pecado, por tanto, Cristo no podía haber poseído

una alma humana. Esta teoría fue condenada por el Concilio de Constantinopla en el año 381.

3) *Nestorianismo*

Nestorio, obispo de la iglesia de Constantinopla en el siglo IV, negó la personalidad única de Cristo, por considerar que las dos naturalezas constituían dos personas distintas. Así él hizo de nuestro Señor dos personas distintas. Así él hizo de nuestro Señor dos personas en vez de una. El motivo de Nestorio, como el de Apolinario, era bueno, pero, como éste último, cayó en un error muy serio. En efecto, al combatir la herejía de Apolinario, quien negaba la integridad de la humanidad de nuestro Señor, Nestorio desarrolló la posición igualmente errónea de que las dos naturalezas de Cristo constituían personalidades separadas y distintas. Esta teoría fue condenada por el Concilio de Éfeso en el año 431.

4) *Eutichianismo*

Eutiches, un abad de Constantinopla, en el siglo V, negó la integridad de la naturaleza de nuestro Señor, haciendo una fusión de ellas, de modo que resultó una tercera naturaleza separada y diferente, tanto de la naturaleza humana como de la divina. De las dos naturalezas de Cristo Eutiches construyó una tercera naturaleza. Esta herejía fue condenada en el Concilio de Chalcedonia, en el año 451.

4) *Monotelitismo*

En comparación con los otros, éste fue un error de menor grado, pero al mismo tiempo serio. Alegaba que aunque Cristo poseía dos naturalezas, sin embargo, tenía una sola voluntad (*mono*, uno; *thelema*, voluntad). En oposición a esta teoría, el VI Concilio Ecuménico de Constantinopla (681 d.C.) adoptó la doctrina de dos voluntades de Cristo (*duo*, dos; y *thelema*) como la doctrina ortodoxa, pero decidió que la voluntad humana siempre debe concebirse como subordinada a la divina (Jn. 6:38, 39).

NOTA.— Dice el doctor Strong: «Todas las controversias respecto a la persona de Cristo tienen, por la fuerza, que girar al rededor de uno de estos tres puntos: Primero, la realidad de las dos naturalezas; segundo, la integridad de las dos naturalezas; y tercero, la unión de las dos naturalezas en una sola persona.» O, según el doctor Sheld: «Hay cuatro factores especiales para comprender debidamente la persona de Cristo: 1) Una Deidad real y verdadera; 2) una humanidad real y verdadera; 3) la unión de la Deidad y la humanidad en una sola persona; 4) la distinción de la Deidad de la humanidad, de modo que las naturalezas no se mezclan. De estos puntos de Ebionismo y el Docetismo niegan la realidad de las dos naturalezas, el Arianismo y el Apolinarianismo niegan su integridad, mientras el Nestorianismo y el Eutichianismo niegan la forma verdadera y correcta de su unión.»

3) ERRORES MODERNOS

1) *Unitarianismo*

En una palabra, ésta es la antigua herejía Arriana revivificada —la negación de la Deidad de nuestro Señor.

2) *La falsamente llamada «Ciencia Cristiana»*

Ésta es la antigua herejía Docética revivificada —la negación de la humanidad de Cristo. La «Ciencia Cristiana» niega la realidad de la materia. Se alega que como el cuerpo de nuestro Señor fue material, tiene que haber sido fantasmal, es decir, sin sustancia.

3) *Los Testigos de Jehová*

El «Ruselismo» parece ir más lejos que cualquiera de las herejías antiguas. Virtualmente niega la existencia personal y presente de nuestro Señor y Salvador Jesucristo. Lo transforma en un mito histórico.

NOTA.— La doctrina ortodoxa (promulgada en Chalcedonia, 451 d.C.) sostiene que en la persona de Jesucristo hay dos naturalezas, humana y divina, cada una completa e íntegra, y que estas dos naturalezas son unidas orgánica e indisolublemente, pero sin formar una tercera naturaleza. Para usar la fórmula antigua, la doctrina ortodoxa nos prohíbe dividir la persona o confundir las naturalezas» (Strong).

III. La exaltación de Cristo

1. PRUEBA

Las Escrituras enseñan claramente que al concluir su obra en la tierra nuestro Señor fue ensalzado a la diestra de Dios en el cielo, Hch. 2:33; 5:31; Fi. 2:9; He. 12:2.

2. ETAPAS

Históricamente la exaltación de Cristo fue efectuada en dos etapas, a saber:

1. Su Resurrección, Hch. 2:24, 31, 32; 4:10; 17:31; Ro. 1:4; 4:25; 8:34; 1 Co. 15:4, 20, 23.
2. Su Ascensión, Mr. 16:19; Lc. 24:51; Hch. 1:9-11; 1:33; Ef. 4:8-10.

NOTA.— En Fi. 2:5-11 podemos distinguir siete pasos en la humillación y siete pasos en la exaltación de Cristo. La profundidad a que Jesús descendió voluntariamente era la medida de la altura a que Dios lo ensalzó en honra y gloria.

3. CARÁCTER

El ensalzamiento de Cristo está indicado por las siguientes características:

1. Restauración a su gloria primitiva, Jn. 17:5; He. 1:8, 9; Ap. 5:9, 10.
2. Ubicación a la diestra de Dios, Sal. 110:1; Hch. 7:56; Ro. 8:34; Ef. 1:20; Co. 3:1; He. 1:3; 8:1; 12:2; Ap. 3:21.
3. Dador del Espíritu Santo, Lc. 24:49; Jn. 15:26; 16:7; 20:22; Hch. 1:8; 2:32, 33; 5:32.

4. Dominio sobre la creación, Mt. 28:18; 1 Co. 15:27; Ef. 1:20-22; Fi. 2:9-11; Col. 1:17; He. 2:8.

5. Cabeza de la iglesia, 1 Co. 11:3; 12:12-27; Ef. 1:22, 23; 5:23-33; Col. 1:18.

6. Ministerio de intercesión, Ro. 8:34; Heb. 7:25; 9:24; 1 Jn. 2:1.

7. Expectación de su regreso, Sal. 110:1; Hch. 3:20, 21; He. 1:1, 13; 10:13.

SEGUNDA PARTE

La obra de Cristo

Según las Escrituras, Jesucristo tiene una obra triple, a saber: un Ministerio Profético, un Ministerio Sacerdotal y un Ministerio Real. Como alguien dijo: «Cristo tiene que ser profeta para salvarnos de la *ignorancia* del pecado, ser sacerdote para salvarnos de su *culpa*, y ser Rey para salvarnos de su *poder*.

I. Cristo como Profeta

1. EL ANUNCIO PROFÉTICO

El anuncio profético de que Cristo debería ser Profeta se registra en Dt. 18:18, 19. Véase también Mt. 13:57; 16:14; 21:11; Jn. 1:21; 4:19; 6:14; 7:40; 9:17 y especialmente Hch. 3:22 y 7:37.

2. EXTENSIÓN

Oficialmente el ministerio profético de Cristo empezó junto al río Jordán, cuando fue revestido con el Espíritu Santo, y terminó en la cruz del Calvario, cuando se ofreció como sacrificio por el pecado, Mt. 4:23-25; Lc. 4:14-27; Hch. 2:22, 23; He. 9:25-28.

3. NATURALEZA DOBLE DEL PROFETA

La idea primaria del oficio profético es de uno que «saca las cosas a la luz», o que «pone de manifiesto».

La idea secundaria es la de predicción del futuro. El profeta del Antiguo Testamento ejerció dos funciones: Primero, *inspección* (el poder de mirar adentro); y segundo *previsión* (el poder de ver las cosas de antemano). El profeta tenía, por decirlo así, el poder de *retrospección*, pues por revelación del Espíritu a menudo sabía cosas del pasado. Esto fue verdad en cuanto a Moisés cuando escribió el panorama de la creación, Gn. 1 y 2.

NOTA.— El nombre original del profeta era vidente (1 S. 9:9; 2 R. 17:18). Vidente es uno que ve, es decir que ve cosas invisibles para el ojo del hombre. La palabra profeta viene del griego *pro* y *phemi*, y significa declarar o hablar de antemano. Así profeta era uno que hablaba al pueblo como boca de Dios, Éx. 4:15, 16. Sobre la idea primaria del oficio profético véase Éx. 4:10-7.

4. Carácter múltiple del ministerio profético

Un profeta del Antiguo Testamento cumplía su ministerio de tres maneras: Por enseñanza (Mt. 5-7); por predicción de acontecimientos futuros (Mt. 24); y por sanidades (Mt. 8, 9). Nuestro Señor hizo todas estas cosas, o, más particularmente, Cristo cumplió su oficio profético de las siguientes maneras:

1. Por sus palabras llenas de Gracia, Mt. 5:2; 7:28, 29; Jn. 6:63; Ap. 1:10, 11.
2. Por sus hechos prodigiosos, Jn. 5:36; 10:25; 15:24; Hch. 2:22.
3. Por su ejemplo perfecto, Jn. 13:15; P. 2:21-23.
4. Por su silencio sin igual, Mt. 27:13, 14; 1 P. 2:23.
5. Por su don del Espíritu Santo, Jn. 14:26; 15:26; 1 P. 1:10-11; 1 Jn. 2:20-27.

II. Cristo como Sacerdote

Anuncio profético

El anuncio profético de que Cristo sería sacerdote se registra en Sal. 110:4, véase tambien He. 5:6; 6:20; 7:21.

NOTA.— El sacerdocio de nuestro Señor no es según el linaje de Aarón, sino «según el orden de Melquisedec»; es decir, que se ejerce no en la tierra, sino en el silencio —y es inmutable y eterno.

EXTENSIÓN

Oficialmente, el ministerio sacerdotal de Cristo empezó en la cruz, cuando se ofreció como sacrificio por el pecado, y terminará a su regreso, cuando como Rey se sentará sobre el trono de David, He. 8 y 9.

NATURALEZA DEL OFICIO SACERDOTAL

Un sacerdote es un *mediador* —uno que intercede ante un Dios justo a favor de pecadores culpables. Lv. 4:16-18.

NOTA.— Dice el doctor Wickes: «Pronto después del diluvio, una clase de hombres fue dedicada y consagrada a este oficio sagrado de mediador entre Dios y el hombre —que es la idea central de un sacerdote— para que interceda ante el cielo a favor de los culpables, aquellos que no tienen por sí mismos ningún acceso a la presencia divina. Así, no sólo es necesario hacer un sacrificio sangriento y ofrenda por el pecado, sino es preciso que se haga por personas que han sido revestidas con esta autoridad especial de obrar por otros. Estas personas reciben un nombramiento de mediadores entre Dios y el hombre, por cuya intercesión, por el ofrecimiento de sangre, se hace expiación y se obtiene justificación para el transgresor.» En Israel, según la ley de Moisés, el sacerdocio pertenecía a la casa de Aarón.

La triple función del sacerdocio

El sacerdocio del Antiguo Testamento tenía una función triple, a saber: primero, ofrecer sacrificios ante el pueblo; segundo, entrar hasta detrás del velo para hacer intercesión a favor del pueblo; tercero, salir y bendecir al pueblo. Todo esto corresponde a: RECONCILIACIÓN, INTERCESIÓN y BENDICIÓN.

Como el Gran Sumo Sacerdote, nuestro Señor cumplió estas tres funciones. La primera, la reconciliación, Él la realizó en su primera venida, cuando se ofreció en la cruz como sacrificio por el pecado. La segunda, la intercesión, está cumpliéndola ahora en el cielo, entre su primer y segundo advenimiento. Y la tercera, la bendición, la cumplirá al tiempo de su segunda venida, y después de ella (Heb. 9:27, 28; 1 P. 1:18-20; 2:24; Ro. 8:34; He. 7:25; 2 Ts. 1:10; 1 P. 1:4, 5; Ap. 11:15; 20:4).

NOTA.— Los sacerdotes tenían acceso al Lugar Santo del antiguo tabernáculo; pero el Sumo Sacerdote solo, y eso una sola vez al año, en el gran día de la expiación, podía entrar al Lugar Santísimo (He. 9:6-7). La fórmula de bendición que se cree usó el sumo sacerdote al salir del Lugar Santísimo, se registra en Nm. 6:22-27.

La expiación de Cristo

1. EL HECHO

Por medio de predicciones, tipos, términos que atestiguan, y declaraciones esplícitas, las Escrituras exponen claramente el hecho de la expiación.

1) TIPOS

La tipología del Antiguo Testamento está llena de la expiación de Cristo. Indicaremos algunos de los casos más notables:

1. La túnica de pieles, Gn. 3:21.
2. El Cordero de Abel, Gn. 4:4.
3. El ofrecimiento de Isaac, Gn. 22.
4. El Cordero Pascual, Éx. 12.
5. Los sacrificios del sistema levítico, caps. 1 al 7 de Levítico.
6. La serpiente de bronce, Nm. 21. Véase Jn. 3:14; 12:32.
7. El Cordero muerto, Is. 53:7, véase Jn. 1:29; Ap. 13:8.

2) Predicciones

El Antiguo Testamento abunda en predicciones concernientes al Mesías, su carácter y carrera. En efecto, se dice que hay 333 cuadros en el Antiguo Testamento de la muerte expiatoria de Cristo.

1. La simiente de la mujer, Gn. 3:15.
2. La ofrenda por el pecado, Sal. 22.
3. El Sustituto, Is. 53.
4. El Mesías muerto, Dn. 92:26.
5. El Pastor herido, Zac. 13:6, 7.

3) Términos que atestiguan

Hay cinco términos de las Escrituras que atestiguan el hecho de la expiación. Éstos son:

a) *La expiación (en el Nuevo Testamento)*
La raíz de la palabra hebrea que significa expiación es «kaphar», que quiere decir literalmente *cubrir*, es decir, perdonar pecado, véase Éx. 30:10. El Sal. 32:1 (versión moderna) nos da tanto el significado literal como figurativo de la expiación.

NOTA.— La cubierta del arca, llamada en hebreo «kapporeth», significa «el lugar de cubrir» (el pecado).

b) *Reconciliación*
Reconciliación es la traducción del sustantivo griego «katallage»; que literalmente significa intercambio, como en cuestión de dinero se cambian monedas de un mismo valor total; también se refiere al acto de ajustar una diferencia. La enemistad entre Dios y el hombre ha sido destruida y se ha restaurado la amistad. «Se usa la palabra en el Nuevo Testamento —dice Thayer— de la restauración del favor de Dios a los pecadores que se arrepienten y ponen su confianza en la muerte expiatoria de Cristo.» Ro. 5:11; 11:15; 2 Co. 5:18, 19.

c) *Propiciación*

Propiciación es la traducción de los sustantivos griegos «hilasmos» e «hilasterion», significando literalmente *aplacar, apaciguar* o *expiar*. La palabra propiciación viene del latín, y quiere decir aquello que predispone a una persona en favor de otra, o sea, que crea un ambiente de amistad. Así, la muerte de Cristo es el fundamento por el cual Dios puede mirar con favor y amistad hacia el pecador. Cristo, en otras palabras, es la propiciación por el pecado, Ro. 3:25; 1 Jn. 2:2; 4:10; He. 2:17.

NOTA.— Propiciación es el equivalente en griego del hebreo «kapporeth»: cubierta o propiciatorio del arca.

d) *Redención*

Redención es la traducción de los sustantivos griegos «lutrosis», y «apolutrosis», significando liberación de la esclavitud, cautiverio, o muerte, por el pago de cierto precio, o sea, rescate. Así, Cristo es el precio que nos libra del pecado y de la muerte. Redención es de origen latino, y significa una «re-adquisición de lo que se había vendido», Lc. 1:68; 2:38; Ro. 3:24; 1 Co. 1:30; Ef. 1:7, 14; 4:30; Co. 1:14; He. 9:12, 15.

NOTA.— Los escolásticos de la edad media enseñaban que Cristo fue precio del rescate que Dios pagó a Satanás para librar a los pecadores. Pero esto va muy lejos (1 P. 1:18-20). No era Satanás quien tenía que ser satisfecho, sino la santidad de Dios.

e) *Sustitución*

Sustitución no es una palabra bíblica (es decir, no se halla esta palabra en la Biblia), pero sí es una *idea* bíblica. Significa el hecho de sustituir una persona o cosa por otra. De manera que Cristo tomó el lugar de los pecadores y murió, sufriendo la pena del pecado, que ellos merecían. Es éste el significado del macho cabrío, Lev. 16. Es también lo que enseña Is. 53:6. Y ésta es la enseñanza del Nuevo Testamento: Mt. 20:28; Mr. 10:45; 2 Co. 5:21; Gá. 2:20; 1 P. 3:18.

NOTA.— Hay dos palabras griegas que expresan exactamente la idea de sustitución, a saber: «huper» —a favor de—, y «anti» —en lugar de—.

4) PALABRAS O DICHOS EXPLÍCITOS

El Nuevo Testamento abunda en palabras explícitas sobre la expiación. Si se lee cuidadosamente y se anotan los pasajes que tratan de este tema, y se les clasifica, llegaremos al siguiente resultado:

1. Se declara que el centro y corazón de la expiación de Cristo es:
a) Su muerte, Ro. 5:10; Fi. 2:8; He. 2:9-14; 9:16; Ap. 5:6, 9, 12.
b) Su cruz, 1 Co. 1:23; Gá. 3:1; 6:14; Ef. 2:16; Co. 1:20.
c) Su sangre, Mt. 26:28; Mr. 14:24; Lc. 22:20; Ef. 1:7; 2:13; Co. 1:14; 1 Jn. 1:7; He. 9:12, 15; Ap. 1:5; 5:9.
2. La expiación tiene relación con Dios.
a) Está basada en su amor, Jn. 3:16.
b) Manifiesta su justicia, Ro. 3:25; 2 Co. 5:21.
c) Mide el alcance de su sacrificio, Jn. 3:16; Ro. 8:32; 2 Co. 5:21; 1 Jn. 4:10.
d) Es la base de nuestra reconciliación, Ro. 5:11; 2 Co. 5:18, 19.
3) La expiación tiene relación con la ley.
a) Cristo nació bajo la ley, Gá. 4:4, 5.
b) Cristo llevó la maldición de la ley, Gá. 3:13; Fi. 2:8.
c) Cristo cumplió la justicia de la ley, Ro. 5:18, 19; 8:3, 4; 10:4.
4. El sacrificio de Cristo fue necesario, Lc. 24:26; Gá. 2:21; 3:21; He. 2:10.
5. El sacrificio de Cristo fue voluntario, Jn. 10:17, 18; Gá. 2:20; Ef. 5:2; He. 9:14; 10:79.
6. La Expiación de Cristo fue (y es) el único sacrificio por el pecado, Hch. 4:12; Ro. 3:20-28; He. 1:3; 9:22; 10:10, 12, 14, 26; 1 P. 3:18.

7. La expiación de Cristo fue vicaria, Mt. 26:28; Ro. 5:6; 2 Co. 5:14, 15; Gá. 3:13, 14.

8. La expiación de Cristo fue hecha por causa del pecado, Jn. 1:29; Ro. 3:25; 5:8; 6:10; 8:3; 1 Co. 15:3; 2 Co. 5:21; Gá. 3:13; He. 9:28; 1 P. 2:24; 3:18; Ap. 1:4.

9. Cristo hizo expiación por varias clases de personas:

a) Por su propio pueblo, Mt. 1:21; Jn. 10:11; Ef. 5:25; He. 2:13, 14; 1 Jn. 3:16.

b) Por las multitudes, Mt. 20:28; Mr. 10:45; He. 9:28.

c) Por los perdidos, Mt. 18:11; Mr. 2:17; Lc. 5:32; 19:10.

d) Por el mundo entero, Jn. 1:29; 3:16; 6:5; 12:47; 2 Co. 5:14, 15; 1 Ti. 2:6; He. 2:9; 1 Jn. 2:2.

10. La expiación de Cristo produce muchos resultados benéficos:

a) Por ella Jesús viene a ser el Salvador de los hombres, Mt. 1:21.

b) Por ella se recibe la justificación, Hch. 13:39.

c) Por ella se recibe purificación, 1 Jn. 1:7.

d) Por ella se recibe santificación, He. 13:12.

e) Por la expiación de Cristo se recibe santidad, 1 P. 2:24.

f) Por medio de la expiación se reciben bendiciones universales, Jn. 14:13; Ef. 1:3; He. 9:15.

2. NECESIDAD DE LA EXPIACIÓN

Hasta donde podemos penetrar en el misterio de la expiación, había de ella una necesidad cuádruple:

1) LA SANTIDAD DE DIOS

La Santidad de Dios fue ultrajada por el pecado y exigía satisfacción por medio del castigo.

2) LA LEY DE DIOS

La ley de Dios fue violada por el pecado y exigía que la pena de muerte fuese impuesta.

Se ha llamado a la ley «la expresión de la voluntad». Aunque todas las leyes son de Dios, podemos distinguir entre la Ley Natural y la Ley Divina. La ley natural es la base de la constitución física del universo. Ésta se ha definido como la acción uniforme o la tendencia de las fuerzas o poderes del universo físico, como la gravitación, la afinidad química, etc. La ley natural implica cuatro cosas: (a) un legislador o una voluntad autoritaria; (b) personas o cosas sobre las cuales la ley opera; (c) un mandamiento o expresión de esta voluntad; y (d) un poder que hace cumplir el mandato. Por el otro lado, la ley divina se divide en dos partes, a saber, ley moral y ley ceremonial. La ley moral es una representación fiel del carácter de Dios, o sea, es su naturaleza esencial expresada en forma de preceptos, como en los diez mandamientos, la enseñanza ética del sermón del monte, y el nuevo mandamiento de Jesús, Jn. 15:12. La ley moral, por tanto, es elemental, universal y permanente.

La ley moral implica seis cosas: (a) Un Legislador divino o una voluntad suprema que ordena; (b) súbditos o seres morales responsables ante la ley; (c) mandamientos, o la expresión de esta voluntad en el código moral de los súbditos en forma de preceptos y ordenanzas escritas; (d) el poder de hacer cumplir estos mandamientos; (e) el deber, o la obligación de obedecer; y (f) sanciones, o castigos y penas en caso de desobediencia. Ahora, es la ley moral la que el pecador ha traspasado, y por cuya violación se decreta la pena de muerte, Ez. 18:4; Ro. 6:23. La ley ceremonial es la expresión, en forma de preceptos escritos, de la voluntad de Dios respecto a algún asunto especial, como en el caso de las purificaciones, del sistema levítico, y la distinción entre animales limpios e inmundos, Lv. 11 a 15. La ley ceremonial, por tanto, era local en su aplicación y pasajera en su carácter. En efecto, en Cristo y su Evangelio, la ley moral es cumplida, pero la ley ceremonial es anulada, Ro. 10:4; Hch. 10:9-16; 1 Ti. 4:1-5.

3) LA CONCIENCIA CONTAMINADA

La conciencia contaminada e intranquila del pecador puede tranquilizarse y purificarse sólo por medio del castigo —el castigo del pecador mismo o de su sustituto, el Salvador. La paz y el descanso no pueden venir al corazón culpable mientras éste no tenga la seguridad de que su justo castigo ha sido llevado por el Cordero inmaculado de Dios, He. 10:1-8.

4) EL PECADOR PERDIDO

En la doctrina del pecado quedó establecido que a consecuencia del pecado el hombre quedó sin poder ni esperanza para socorrerse a sí mismo. *Es perdido*, no teniendo esperanza y estando sin Dios en el mundo (Ef. 2:12). Por esta razón «el Hijo del hombre vino a buscar y a salvar lo que se había perdido», Lc. 19:10.

NOTA.— Los sacrificios paganos dan testimonio de la necesidad de propiciación por el pecado. Dichos sacrificios pueden explicarse como una perversión de la revelación original divina. Dicha perversión está a la vista, por cuanto en los sacrificios paganos la víctima es ofrecida para aplacar a una deidad ofendida, pero las Sagradas Escrituras presentan la verdad que «Dios estaba en Cristo, reconciliando el mundo a sí mismo», 2 Co. 5:19. También se ve que los sacrificios paganos son una perversión de una revelación divina original en el hecho de que la sustitución está en la mente del adorador, quien, consciente de su pecaminosidad, trae su ofrenda, por cuya sangre inocente cree que su culpa queda perdonada.

3.   ALCANCE DE LA EXPIACIÓN

En cuanto al alcance de la expiación, hay que hacer una distinción entre la suficiencia y la eficacia de ella.

En suficiencia la expiación de Cristo es universal; es decir, se ha hecho provisión potencial por toda la humanidad. Pero en su eficacia la expiación está limitada; es decir, en el hecho hay provisión sólo para aquellos que aceptan la oferta cariñosa de salvación por Cristo. Ambos aspectos se presentan en 1 Ti. 4:10: «por cuanto tenemos nuestra esperanza puesta en el Dios vivo, el cual el Salvador de todos los hombres, especialmente de los que creen».

1. Pasajes que se relacionan con la universalidad de la expiación. He. 2:9: 1 Ti. 2:6; 4:10; Tit. 2:11; 1 Jn. 2:2; 2 P. 3:9.
2. Pasajes que se relacionan con la limitación de la expiación de Cristo. Ef. 1:4, 7; 2 Ti. 1:9, 10. Véase Jn. 17:9, 20, 24.

NOTA.— Cristo es el Salvador de todos los hombres, en el sentido que: (1) Su expiación obra para detener la ejecución de la sentencia contra el pecado, consiguiendo para todos los hombres un plazo paa arrepentirse y para disfrutar de las bendiciones comunes de la vida, el derecho a las cuales se perdió por la transgresión, 2 P. 3:9; Mt. 4:45; Hch. 14:17. (2) Su expiación ha hecho provisión para la salvación de todos, quitando de la mente de Dios todo obstáculo al perdón y restauración de los pecadores, a no ser que éstos persistan en su oposición obstinada y rehúsen volver a Él, Ro. 5:8-10; 2 Co. 5:18-20. (3) Su expiación ha conseguido para todos los hombres los motivos poderosos para el arrepentimiento, presentados en la cruz, junto con la obra combinada de la Iglesia Cristiana y el Espíritu Santo, Ro. 2:4; Jn. 16:8; 2 Co. 5:18-20. (4) Su expiación provee para derogar la maldición de sobre la naturaleza, Is. 55:18; Ro. 8:21, 22. (5) Su expiación provee para la salvación de infantes, Mt. 18:10; 19:13-15. Por otra parte, Cristo es el Salvador sólo de aquellos que creen, puesto que el arrepentimiento y la fe son las condiciones de la salvación, He. 2:38.

4. FILOSOFÍA DE LA EXPIACIÓN

La filosofía de la expiación es el esfuerzo para encontrar su explicación según los razonamientos de la

mente humana. Es preciso confesar francamente que
una filosofía completa y satisfactoria de la expiación
es imposible, pues en el fondo ella es un misterio profundo e impenetrable. En efecto, la Iglesia primitiva
consideraba la expiación como un hecho más que
como una doctrina; es decir, como un acontecimiento
histórico, no como un problema especulativo. Era la
verdad central del Evangelio. El perdón fue ofrecido li-
bremente por la sangre de Cristo, bajo la sencilla condición de arrepentimiento del pecado y fe en Dios. Habría sido bueno si se hubiera continuado así. Pero con
el escolasticismo de la edad media, entró el elemento
especulativo en la consideración de la expiación. Se
calcula que se han ofrecido por lo menos quince teorías de la expiación. De estas quince, hay seis que merecen nuestra atención; cinco de las cuales consideramos que no armonizan con las Escrituras, y por consiguiente, son falsas.

1) Teoría Sociniana, o la expiación como ejemplo

1) *Exposición*

Esta teoría sostenía que el pecado en el hombre es
la única barrera entre el hombre y Dios. No Dios, sino
el hombre es quien necesita la reconciliación. Esto
puede efectuarse por la propia voluntad del hombre,
por medio del arrepentimiento y la reformación. La
muerte de Cristo es sólo la muerte de un noble mártir.
Él nos redime únicamente en el sentido de que su
ejemplo humano de fidelidad al deber tiene una influencia poderosa sobre nuestro propio progreso moral. Este hecho, consciente o inconscientemente, los
apóstoles lo vistieron con el lenguaje de los sacrificios
griegos y judaicos (Strong).

NOTA.— Esta teoría fue plenamente desarrollada por Lae-
lius Socinus y Faustus Socinus, de Polonia, en el siglo XVI. Sus
representantes modernos son los unitarios.

2) *Objeciones*

a) Filosóficamente, esta teoría se basa sobre principios falsos; por ejemplo, que la utilidad es la base de la virtud; que la ley es la expresión de una voluntad arbitraria; que el castigo es un medio para reformar al transgresor de la ley; que la justicia, en Dios o en el hombre, es solamente manifestación de benevolencia.

b) Históricamente, esta teoría es una forma de Pelagianismo y, lógicamente, requiere que se limiten o abandonen todas las demás doctrinas características del cristianismo —las doctrinas de la inspiración, el pecado, la deidad de Cristo, la justificación, la regeneración, y el castigo eterno.

NOTA.— El Pelagianismo fue la negación de la depravación total del hombre y la afirmación de su «facultad», es decir, que el hombre, mediante sus propios esfuerzos, con la ayuda divina, es capaz de alcanzar la salvación. La teoría Sociniana requiere el abandono de la doctrina de la inspiración, porque en todas las Escrituras se presenta un sacrificio vicario y expiatorio; la doctrina del pecado, porque se niega que el pecado sea culpa objetiva e inmundicia subjetiva, la doctrina de la deidad de Cristo, porque si el hombre puede salvarse a sí mismo, no necesita un sacrificio infinito por un Salvador infinito; la doctrina de la justificación, porque niega que somos declarados inocentes ante la ley por algo que Cristo ha hecho; la doctrina de la regeneración, porque niega la necesidad del nacimiento de arriba; y la doctrina de la retribución eterna, porque esto ya no es propio a la transgresión finita de una ley arbitraria, y que el pecado superficial no envuelve o afecta la naturaleza» (Strong).

c) Mirada desde el punto de vista de las Escrituras, esta teoría contradice al hecho de que el pecado también incluye la idea de culpa, y no solamente de contaminación; que la santidad de Dios requiere que Él castigue al pecado; que la expiación de Cristo es vicaria (a favor y en lugar de otros); y que el pecado fuese llevado vicariamente era necesario para proveer una base sobre la cual Dios podría mostrar favor al culpable.

d) Además, el Socinianismo «no suministra ninguna explicación satisfactoria de los sufrimientos y la muerte de Cristo. La angustia de Cristo y el abandono de parte del Padre no pueden justificarse sobre la hipótesis que Cristo murió como un simple testigo de la verdad (véase Sal. 22). Si los sufrimientos de Cristo no eran una propiciación, entonces ni nos da un ejemplo perfecto, ni tampoco constituyen una manifestación del amor de Dios» (Strong).

e) Una vez más, esta teoría hace figurar como resultado principal lo que, a lo sumo, puede ser sólo un resultado subordinado; pues ni la Escritura ni la experiencia cristiana encuentran en su ejemplo el motivo principal de su muerte. «El mero ejemplo no es más que una nueva predicación de la ley, la que en sí no tiene poder para atraer. La cruz tiene poder para llevar a los hombres a la santidad, sólo cuando primeramente muestra una satisfacción hecha por el pecado. Así es cómo la mayoría de los pasajes que representan a Cristo como un ejemplo, también contienen referencias a su obra propiciatoria» (Strong). Véase 1 P. 2:21.

f) «Finalmente, ella contradice a toda la corriente de pensamiento del Nuevo Testamento, haciendo, no la vida y no la muerte de Cristo, la parte más significativa e importante de su obra. Las referencias constantes a la muerte de Cristo como el manantial de salvación, además del simbolismo de las ordenanzas, no puede explicarse por una teoría que considera a Cristo como un simple ejemplo, y mira sus sufrimientos como incidentes, más bien que la esencia de su obra» (Strong).

2) Teoría de «La influencia moral»

1) *Exposición*
«Esta teoría sostiene, como la Sociniana, que no existe ningún elemento de la naturaleza divina propiciada por la muerte de Cristo, sino que esta muerte es una manifestación del amor de Dios, sufriendo en y

con los pecados de sus criaturas. La expiación de Cristo es, por tanto, la conciencia natural de haber asumido una naturaleza humana, y consiste en sufrir, no la penalidad del pecado en lugar del hombre, sino los dolores y sufrimientos envueltos en la vida humana. Esta expiación tiene el efecto, no de satisfacer la justicia divina, sino de revelar de tal manera el amor divino, a fin de que se ablanden los corazones humanos y sean conducidos al arrepentimiento; en otras palabras, los sufrimientos de Cristo eran necesarios, no para quitar un obstáculo al perdón de los pecadores, que existe en la mente de Dios, sino para convencer a los pecadores de que tal obstáculo no existe» (Strong).

2) *Objeciones*
   a) Se puede ofrecer la misma objeción que a la teoría sociniana, en que ésta magnifica un efecto subordinado de la muerte de Cristo haciéndolo el efecto principal. Es verdad que los sufrimientos de nuestro Señor producen un efecto moral sobre los hombres; pero sufrir *con* el pecador es una cosa, y *sufrir en su lugar* es otra cosa muy distinta.
   b) Además, como indica el doctor Strong, igual que la teoría del ejemplo, descansa sobre principios filosóficos falsos: como «que la justicia es idéntica con la benevolencia, en vez de que la condicione; que Dios está sujeto a una eterna ley de amor, en vez de que Él mismo sea la fuente de toda ley; y que el objetivo del castigo es la reformación del ofensor.
   c) Tampoco esta teoría suministra una razón suficiente por los sufrimientos de cristo. «Aunque ella demuestra que el Salvador necesariamente sufre por su contacto con el pecado humano, la teoría no da ninguna explicación de esa constitución del universo que hace que el sufrimiento sea la consecuencia del pecado, no sólo en el pecador, sino también en el ser inocente que entra en contacto con el pecado. La santidad de Dios, la que se manifiesta en esta constitución de las cosas, ha sido pasada completamente por alto (Strong).

d) También, esta teoría, como la sociniana, contradice la enseñanza de las Escrituras donde ella afirma que la expiación era necesaria, no para satisfacer la justicia de Dios, sino meramente para revelar su amor; que los sufrimientos de Cristo no eran una propiciación; y que la conciencia humana no necesita ser propiciada por el sacrificio de Cristo antes de poder sentir la influencia moral de sus sufrimientos.

e) Además, «sólo podrá mantenerse torciendo el significado claro de aquellos pasajes de las Escrituras que hablan de Cristo como sufriendo por nuestros pecados, que representan su sangre como efectuando algo en el cielo cuando es presentada allá por nuestro intercesor, que declaran que el perdón significa la remisión de las ofensas pasadas sobre la base de la muerte de Cristo, y que describen la justificación como el acto de declarar justo, no de hacer justo» (Strong).

f) Esta teoría confunde el método de Dios para salvar a los hombres, con la experiencia de los hombres al ser salvados. Hace que la expiación misma consista de su efecto en la unión del creyente con Cristo y la influencia purificadora de dicha unión sobre el carácter y la vida (Strong).

g) Finalmente, «esta teoría limita la influencia de la muerte de Cristo a aquellos que han sabido de ella, excluyendo así a los patriarcas y a los paganos. Pero las Escrituras representan a Cristo como el Salvador de todos los hombres, en el sentido de conseguir para ellos gracia, la cual, sin su obra expiatoria, jamás podría haberse concedido sin violar la santidad divina» (Strong).

3) Teoría de Grotius, o Teoría Gubernativa

1) *Exposición*

Esta teoría sostiene que la expiación es una satisfacción, no a ningún principio interno de la naturaleza divina, sino a las necesidades de su gobierno. El Gobierno de Dios en el universo no puede mantenerse ni puede la ley divina preservar su autoridad sobre sus súbditos, a no ser que el perdón de los transgresores sea acompañado por alguna exhibición del alto precio que Dios pone sobre su ley y de la culpa terrible del que la viola. Tal exhibición de la estimación divina de la ley se advierte en los sufrimientos y la muerte de Cristo. Cristo no sufre la pena precisa de la ley, sino que Dios bondadosamente acepta sus sufrimientos como sustituto de la pena. Esta acción de Cristo, de soportar un sufrimiento que puede servir como subtítulo por lo que debían los hombres, da a la ley divina tal poder sobre la conciencia y el corazón de los hombres, que Dios puede perdonar a los culpables cuando éstos se arrepienten, sin perjudicar los intereses de su gobierno.

NOTA.— Esta teoría fue originada por Hugo Grotius, teólogo y abogado holandés (1583-1645).

2) *Objeciones*

a) Como las teorías del ejemplo y de la influencia moral, ésta tiene el defecto fatal de sustituir una cosa secundaria por la cosa princial; es cierto que la expiación protege los intereses del gobierno de Dios, pero ésa no es la cosa principal.

b) Como las dos teorías anteriores, ésta descansa sobre falsos principios filosóficos: que «la utilidad es la base de la obligación moral; que la ley es una expresión de la voluntad antes que de la naturaleza de Dios; que el objetivo del castigo es evitar la comisión de ofensas; y que la justicia es resoluble en benevolencia» (Strong).

c) Esta teoría pasa por alto y realmente niega aquella santidad inherente de Dios de que la ley con sus penalidades, y la conciencia humana con sus exigencias de que se castigue al culpable, son solamente reflejos limitados. Hay algo detrás del gobierno, y si la expiación satisface a éste, tiene que ser porque satisface a esa justicia de Dios, de la cual el gobierno es expresión» (Strong).

d) Según esta teoría «la muerte de Cristo es una *exhibición* de justicia, no un ejercicio de justicia; no es una ejecución de la ley, sino una exhibición de respeto por la ley, que permitirá, sin hacer peligrar los intereses del gobierno, perdonar a los transgresores de la ley. Tal representación puede inspirar respeto por la ley sólo mientras no se comprenda su falta esencial de realidad» (Strong).

e) Ella no da una explicación suficiente de los sufrimientos de Cristo en Getsemaní y en la cruz. No hay indicación de que Cristo estuviese dando una especie de exhibición teatral, sino que todo parece proclamar que Cristo realmente soportaba la ira de Dios contra el pecado humano.

f) Además, el poder efectivo de la expiación sobre la conciencia y el corazón humano se debe, no a su exhibición del respeto de Dios por su ley, sino a su exhibición de la ejecución real de la ley y a una satisfacción real de la santidad violada, hecha por Cristo en lugar del pecador.

g) Finalmente, «esta teoría contradice a todos aquellos pasajes que representan la expiación como necesaria, que propicia a Dios mismo, que es una revelación de la justicia de Dios, que es una ejecución de la pena de la ley, que la salvación constituye una deuda del creyente sobre la base de lo que Cristo ha hecho, que la muerte de Cristo realmente purga nuestros pecados y no sólo hace posible que sean purgados, pero no sólo asegura al pecador que Dios puede perdonarlo por anmor de lo que Cristo ha hecho, sino que Cristo ha obrado una salvación completa y la dará a todos aquellos que vengan a Él».

4) TEORÍA DE LA EXTIRPACIÓN GRADUAL DE LA DEPRAVACIÓN

1) *Declaración*

«Esta teoría sostiene que, en su encarnación, Cristo tomó la naturaleza humana tal como estaba en Adán, no antes de su caída, sino después de ella, la naturaleza humana con toda su corrupción y su predisposición a lo malo, y que, no obstante la posesión de esta naturaleza depravada, Cristo, por el poder del Espíritu Santo, o por el poder de su naturaleza divina, no sólo impidió que su naturaleza humana se manifestara en pecado personal, sino que la purificó completamente por sus luchas y sufrimientos, hasta que en su muerte Él extirpó completamente la depravación original y la reunió con Dios. Esta purificación subjetiva de la naturaleza humana en la persona de Jesucristo constituye su propiciación, y los hombres son salvos no por alguna propiciación objetiva, sino sólo por llegar a ser participantes por la fe de la nueva naturaleza de Cristo» (Strong).

NOTA.— Esta teoría fue elaborada por Edward Irving, de Inglaterra (1792-1834), y es sostenida en esencia por algunos teólogos alemanes.

2) *Objeciones*
    a) Esta teoría reconoce una verdad importante en la nueva humanidad de Cristo, de la cual todos los creyentes son participantes por la fe; pero niega el hecho de una propiciación objetiva, sólo por la cual se puede recibir esta nueva humanidad espiritual.
    b) Esta teoría descansa sobre principios fundamentales falsos, a saber: que la ley es idéntica al orden natural del universo, y como tal, es una expresión acabada de la voluntad y naturaleza de Dios; que el pecado es simplemente una manifestación del mal dentro del alma, en vez de envolver también una culpa objetiva y castigo merecido; que el castigo es la mera reacción de la ley contra el transgresor, en vez de ser también la revelación de una ira personal contra el pecado; que la tendencia al mal de la naturaleza humana puede ser extirpada por sufrir sus consecuencias naturales, reformando así el castigo al pecador» (Strong).
    c) Además, contradice las enseñanzas de las Escri-

turas, a saber: respecto a la libertad de Cristo de toda depravación humana; desfigura o pervierte su vida haciéndola aparecer como si tuviese un creciente conocimiento de la corrupción básica de su naturaleza humana, que culminó en Getsemaní y el Calvario; y niega la verdad de los propios dichos de Cristo, porque declara que Él tenía que morir por causa de su propia depravación, aunque nadie fuera salvado con tal acto» (Strong).

b) También «hace que la obediencia activa de Cristo y la purificación subjetiva de su naturaleza humana sean los rasgos principales de su obra, mientras que las Escrituras indican que su muerte y su sufrimiento pasivo del castigo son el centro de todo, y siempre lo consideraron personalmente puro y llevando como expiador el castigo de los culpables» (Strong).

e) Finalmente, esta teoría requiere una renuncia a la doctrina de la justificación, como un acto meramente declaratorio de Dios; y requiere tal punto de vista de la divina santidad como se expresa por el orden de la naturaleza y que sólo se puede mantener sobre los principios del panteísmo» (Strong).

NOTA.— Esta teoría descansa sobre tres argumentos principales: Primero, como Pablo enseña en Ro. 8:3: «Dios enviando a su Hijo en semejanza de carne de pecado.» A esto replica el doctor Farr: «Si el lenguaje de Pablo fuera "en carne pecaminosa", entonces la teoría tendría base, pero no es así. Sus palabras significan que la carne de Cristo era semejante a la carne de pecado, por cuanto era carne, pero era carne no afectada por el pecado. Pablo no podría haber dicho "en carne pecaminosa" sin haber hecho a Cristo participante del pecado. Él tampoco podría haber dicho "en carne", porque entonces el eslabón entre la humanidad de Jesús y el pecado no habría existido. Pero él dice "en semejanza de carne de pecado", significando que Cristo tenía una naturaleza como la naturaleza humana pecaminosa, pero Él mismo no era de naturaleza pecaminosa.» Segundo, está claramente implicado o insinuando en la susceptibilidad de Cristo a la tentación, y especialmente en que Él sabía por experiencia cómo socorrer a los que son tentados, siendo éstos pecadores. Una vez más dice el doctor Farr:

«Este argumento es plausible, pero no es concluyente. Porque si fuera necesario tener una naturaleza depravada para poder sentir la fuerza de la tentación, entonces Adán y los ángeles tenían que haber sido creados con naturaleza depravadas. También, si fuera necesario haber estado en la naturaleza moral de los pecadores que son tentados, para socorrerlos, entonces Cristo tendría que haber tenido no sólo naturaleza pecaminosa, sino también el hábito de pecar, que lo preparara para su obra.» Tercero, que está insinuado en el punto de vista correcto de la propiciación, porque la humanidad en su naturaleza caída estaba comprendida en la humanidad de Cristo, y en esa humanidad pagó el justo castigo por todo pecado. El doctor Farr contesta sobre esto: «La idea de que la naturaleza humana de Cristo fue la totalidad de la naturaleza humana, que en cualquier sentido es completa en cualquier otro hombre, es una mera ficción. Si Él llevó el castigo del pecado, no fue el castigo de su propio pecado personal, por pecaminosidad propia, sino que fue el castigo que merecían otros por sus pecados. Llevando el castigo de su propia pecaminosidad no les habría ayudado, a menos que fuera para mostrar que ellos a su vez tenían que llevar el castigo de su propia pecaminosidad. Es evidente que si hay algo de propiciatorio en sus sufrimientos, esto presupone su santidad y no su pecaminosidad.»

5) Teoría comercial de la propiciación

1) *Declaración*

Esta teoría sostiene que el pecado es una violación del divino honor o majestad, y siendo cometida contra un ser infinito, merece un castigo infinito: que la majestad de Dios requiere que Él ejecute el castigo, mientras que el amor de Dios apela para salvar a los culpables; que este conflicto de atributos divinos es reconciliado eternamente por el sacrificio voluntario del Dios-hombre, quien lleva, en virtud de su persona, el intenso e infinito castigo del pecado, que de otro modo tendría que haber sido soportado eternamente por los pecadores; que este sufrimiento del Dios-hombre presenta a la divina majestad un equivalente exacto de los sufrimientos merecidos por los elegidos; y que, como resultado de esta satisfacción de las exigencias divinas, los pecadores elegidos son perdonados y regenerados» (Strong).

NOTA.— Esta teoría fue sostenida primeramente por Anselmo de Canterbury (1033-1109), quien la propuso como sustituto de una teoría patrística anterior, que sostenía que la muerte de Cristo era un rescate pagado a Satanás para librar de su poder a los pecadores. Hay algunos teólogos escoceses que sostienen este punto de vista.

2) *Objeciones*
   a) Esta teoría reconoce la importante verdad de que la muerte de Cristo satisfizo un principio de la naturaleza de la deidad, pero yerra al representar la majestad de Dios, como más alta que la santidad de Dios; y también yerra grandemente al admitir un conflicto entre los atributos divinos.
   b) Pasa por alto completamente el valor de la obediencia activa de Cristo y de su vida santa.
   c) También «da peso desproporcionado a aquellos pasajes de la Escritura que representan la propiciación bajo analogías comerciales, como ser: el pago de un rescate o deuda, excluyendo los pasajes que la describen como un hecho ético, cuyo valor debe ser estimado no según su cantidad, sino según la calidad» (Strong).
   d) Limita el alcance de la propiciación a los elegidos, pasando por alto así la enseñanza bíblica que Cristo murió por todos.
   e) Es «defectiva al sostener una mera transferencia externa de los méritos de la obra de Cristo, y no representa claramente la base interna de esta transferencia en la unión del creyente con Cristo» (Strong).

6) TEORÍA SUSTITUCIONAL, O TEORÍA SATISFACCIÓN

Esta teoría, aunque sugerida por Agustín y otros, fue finalmente elaborada por Juan Calvino (siglo XVI), y es hoy sostenida por una gran parte de las iglesias protestantes. A veces se la denomina la «Teoría Ortodoxa» o la «Teoría Ética». Según creemos, es la teoría que armoniza con las Escrituras.

a) Puntos preliminares

1) *Esta teoría sostiene que hay un elemento doble en la sustitución de Cristo, a saber:*

Una obediencia vicaria (conocida en términos teológicos como «obediencia activa») por la justicia, y un castigo vicario (conocido como «obediencia pasiva») por el pecado. Así, Cristo toma el lugar de los pecadores, tanto en la penalidad como en el precepto, y como su sustituto, soporta el castigo que ellos merecen por causa de su pecado y en su obediencia cumple la justicia requerida de ellos.

2) *Dos clases de sustitución*

Hay dos clases de sustitución, a saber: incondicional, que concede liberación plena y absoluta a aquellos por quienes se hace la sustitución; y condicional, que concede la liberación a aquellos por quienes se hace la sustitución, sólo bajo las condiciones convenidas entre aquel que hace la sustitución y el que la acepta. La sustitución de Cristo fue condicional, dependiendo del arrepentimiento y de la fe de los pecadores.

3) *Dos clases de satisfacción*

La satisfacción de Cristo quiere decir todo lo que Él ha hecho para satisfacer las exigencias de la santidad y de la ley de Dios, en lugar de los pecadores y a favor de los mismos. Hay dos clases de satisfacción, a saber: *monetaria*, un pago con dinero, el cual cualquiera podría hacer, y *penal*, o el pago con sangre, que sólo los culpables podrían hacer. La satisfacción de Cristo fue *penal*; la expiación fue hecha con su sangre.

4) *Tres clases de satisfacción penal*

Hay tres clases de satisfacción penal, es decir; vicariamente penal. Primero *idéntica*. La muerte de Cristo no fue idéntica, puesto que la muerte de uno no podría ser lo mismo que la muerte de muchos, Mr. 10:45. Segundo, *igual*. La satisfacción de Cristo no fue igual, puesto que la muerte de la raza entera de seres finitos no igualaría a la muerte del ser infinito Jesucristo. Tercero, *equivalente*. La satisfacción de Cristo fue equivalente, porque el *factor infinito*, Jesucristo, es incalculablemente más grande que todos los factores finitos que constituyen la raza de Adán. Ilustración: Un cóndor (moneda de oro) pesa menos que la moneda de un peso, pero tiene el valor de diez de éstas.

b) *Dos preguntas formuladas*

Hay dos preguntas que nos conducen al corazón de la expiación, y la respuesta a estas preguntas nos da su verdadera filosofía. Primera, ¿cuál era el objetivo de la muerte de Cristo? Segunda, ¿cuáles eran los medios usados? o, ¿cómo podría Cristo morir justamente? La contestación a la última pregunta considera la expiación en su relación al hombre. La contestación a la primera pregunta es una exposición del significado de Ro. 3:25-26. La contestación a la segunda pregunta es una exposición del significado de 2 Co. 5:21.

c) *Consideración de la primera pregunta*

¿Cuál era el objetivo de la muerte de Cristo? Brevemente, la contestación es triple:

1. La expiación satisfizo a la santidad de Dios, ofendida por el pecado, Sal. 22; Is. 53; Ro. 3:25, 26; 4:25; 8:3; Gá. 1:4; 3:13; He. 9:15; 1 Jn. 2:2; 4:10.

2. Ella vindicó la ley de Dios violada, Gn. 2:17; Ez. 18:4, 20; Ro. 6:23.

3. Ella exhibió el amor de Dios, y así daba al hombre un motivo poderoso para arrepentirse del pe-

cado y creer en Cristo, Jn. 3:16; 15:18; Ro. 5:8; 1 P. 2:21; 1 Jn. 4:9, 10.

Considerando este aspecto de la expiación, el doctor Strong declara: «Su necesidad se funda en la santidad de Dios, de la cual la conciencia del hombre es un reflejo finito. Hay un principio ético en la naturaleza divina que exije que el pecado sea castigado. Aparte de sus resultados, el pecado en sí es esencialmente malo en sus merecimientos. Así como nosotros, que somos hechos a imagen de Dios, medimos nuestro crecimiento en pureza por la rapidez con que nuestro sentido moral descubre la impureza, y por el odio que sentimos a la maldad, así la pureza infinita es un fuego consumidor contra toda iniquidad. El castigo es la reacción de Dios contra el pecado, la manifestación de santidad infinita contra el adversario que busca su destrucción. En Dios esta exigencia es completamente libre de toda pasión y está en armonía con su benevolencia infinita. Es una exigencia que no puede evadirse, puesto que emana de una santidad que es inmutable. La expiación es, por tanto, una satisfacción de la exigencia ética de la naturaleza divina, por la sustitución de los sufrimientos penales de Cristo por el castigo del culpable. Esta sustitución es cosa desconocida a la ley humana y está por encima y es superior a los poderes de la ley. Es una operación de la gracia. La gracia, no obstante, no viola ni suspende la ley, sino la cumple. La justicia de la ley se mantiene en que la fuente de toda ley, el juez y castigador mismo, voluntariamente se somete a sufrir la pena, y la soporta en la naturaleza humana que ha pecado. Así la expiación satisface la exigencia ética de la naturaleza divina de que el pecado sea castigado si el infractor ha de escapar. Los intereses del gobierno divino se aseguran como el primer resultado subordinado de esta satisfacción a Dios mismo, de cuya naturaleza el gobierno es una expresión. Al mismo tiempo, como un segundo resultado subordinado, se hace provisión por las necesi-

dades de la naturaleza humana; por una parte, de la
necesidad de nuestras conciencias en el sentido de que
el pecado debiera ser castigado, y por otra parte, de la
necesidad de la manifestación de amor y misericordia
divina que afectarán al corazón y lo llevarán al arrepentimiento.»

NOTA sobre Ro. 3:25, 26.— Estos versículos desarrollan el
tema de la epístola, la revelación de la «justicia de Dios», siendo la justicia la que Dios provee y acepta. Esta justicia se menciona en 1:17 y en 1:18 a 3:20, y este último pasaje está demos-
trando el único medio por el cual tanto el judío como el gentil
puede ser salvado. El comentador Meyer muestra que en 3:25
la frase «en su sangre» debe ser tomada con el verbo «ha pro-
puesto». El propósito al proponer la sangre de Cristo, según dicho comentador, es para «manifestar la justicia judicial» y pu-
nitiva de Dios, que recibe su satisfacción en la muerte de Cristo como ofrenda propiciatoria, y por ella fue prácticamente demostrada y exhibida. Sobre la frase «haber pasado por alto, en
su paciencia, los pecados pasados», dice Meyer: «Porque Dios
había permitido pasar sin castigos los pecados anteriores (co-
metidos antes de la era cristiana) por esto se había perdido de
vista su justicia y había necesidad de una exhibición a los
hombres.» Dice, además: «La omisión no es absolución; este
pasar por alto es un paso intermedio del perdón y el castigo.
El motivo de esto fue "la paciencia de Dios". La propiciación
es la contestación de Dios a la liberación de los culpables. El
señor Meyer dice que el versículo 25 presenta el propósito final
del acto de Dios en el versículo 25, es decir: "Dios; siendo justo, en consecuencia de esto parece justo."» Sobre todo el pasaje, el doctor Strong dice que muestra: (1) que la muerte de
Cristo fue un sacrificio propiciatorio; (2) que su primer y principal efecto es sobre Dios; (3) que el particular atributo de Dios
que exije al propiciación es su justicia y santidad; (4) que la satisfacción de esta santidad es la condición necesaria para que
Dios justifique al creyente.

d) *Consideración de la segunda pregunta*

Con respecto a la expiación ¿cuáles eran los medios
usados? o ¿cómo podría Cristo morir justamente? Brevemente, hay una contestación triple:

1. Él tomó nuestra carne, Jn. 1:14; Ro. 8:3; Gá. 4:4; 2:14-18.
2. Él asumió nuestra culpa, 2 Co. 5:21; Gá. 3:13.
3. Él sufrió nuestra penalidad, Is. 53:4, 5; Mt. 20:28; 2 Co. 5:21; Gá. 2:20; 3:13; 1 P. 2:24.

Las consecuencias del pecado de Adán, tanto para sí mismo como para su posteridad, son:

1. La depravación o corrupción de la naturaleza humana.
2. La culpa, o sea la obligación de hacer satisfacción por el pecado a la santidad y a la ley de Dios.
3. La penalidad, o sea el acto de soportar la pérdida o el sufrimiento como castigo por el pecado. Si Cristo hubiera entrado al mundo en la manera natural, habría participado de la depravación humana, pero por medio de su nacimiento virginal la evitó, Lc. 1:35; 2 Co. 5:21; He. 7:26. No obstante, por el hecho de su participación en nuestra humanidad (no en nuestro pecado), Cristo podría asumir nuestra culpa, y, por tanto, justamente soportar la penalidad. (La palabra culpa se usa en dos sentidos: depravación o corrupción, que en sí es culpable; y la obligación de soportar el castigo y hacer satisfacción por el pecado. Sólo en este último sentido podría Cristo asumir nuestra culpa.) Además, la culpa que nuestro Señor heredó (o asumió) no podría ser la culpa del pecado personal. Era primeramente la culpa del pecado de Adán, la culpa primera, o transgresión original. Pero también era la culpa de nuestro pecado; el suyo y el mío. Esto es verdad, porque como las ramas están unidas orgánica y vitalmente al árbol, así nosotros estamos unidos racial y vitalmente con Adán. Así «Jehová cargó en Él el pecado de todos nosotros», Is. 53:6. Una ilustración puede aclarar cómo Cristo podría sufrir justamente el peso de nuestra culpa. Se ejecuta a un asesino por su crimen. Un hijo póstumo nace y vive personalmente sin culpa en cuanto al pecado de su padre. No obstan-

te, los demás niños miran con desprecio al niño como hijo de un criminal ejecutado. Él es inocente, sin embargo, lleva el nombre despreciado y desechado de su padre. El muchacho vive bajo la sombra de la vergüenza que pesa sobre el nombre de su padre, sencillamente porque ha nacido en la familia. No lo puede evitar. Así, cuando Cristo vino a participar de nuestra humanidad y nació en la familia humana, heredó la maldición que pesaba sobre el nombre de nuestro padre Adán. No la podía eludir. En efecto, ésta era la base justa de su muerte sustitucional por nostros (Gá. 3:13).

Teniendo presente la segunda respuesta que estamos considerando, el doctor Strong dice: «Cristo sostiene tal relación con la humanidad, que lo que la santidad de Dios exige Cristo tiene obligación de pagar, anhela pagar e inevitablemente paga, y paga tan plenamente en virtud de su naturaleza doble, que cada exigencia de la justicia es satisfecha, y el pecador que acepta lo que Cristo ha hecho es salvo. Hemos visto cómo Dios puede justamente exigir una satisfacción, ahora mostramos cómo Cristo justamente puede hacerla, o, en otras palabras, mostramos cómo el inocente puede sufrir en lugar del culpable. La solución descansa en la unión de Cristo con la humanidad. El primer resultado de aquella unión es la obligación de sufrir por los hombres, pues siendo uno con la raza, Cristo tenía participación en la responsabilidad de la raza ante la ley y la justicia de Dios.

NOTA sobre 2 Co. 5:21.— Este versículo nos da el apoyo de las Escrituras para la creencia de que Cristo heredó nuestra culpa y así justamente llevó nuestra penalidad. Notad estos tres puntos: (1) Nuestro Señor no tenía ninguna depravación. «Al que no conoció pecado», esta expresión nos enseña la impecabilidad de Cristo. (2) Nuestro Señor asumió nuestra culpa. «Fue hecho pecado por nosotros.» Puesto que Cristo no tenúa ninguna depravación de la naturaleza, el pecado aquí tiene que significar culpa, es decir, la obligación de sufrir por el pecado. (3) Nuestro Señor llevó nuestra penalidad (fue hecho pecado por nosotros). El término pecado aquí tiene que tener significado doble de culpa y penalidad, He. 10:18.

III.   Cristo como Rey

NOTA.— El tercer tema bajo el título «La obra de Cristo» a saber, Cristo como Rey, pertenece propiamente a la sección de Doctrina Profética, y particularmente al estudio del Milenio, por lo tanto, estudiaremos este asunto una vez llegados a ese tema:

CAPÍTULO VII

Séptima Doctrina - Doctrina del Espíritu Santo

PRIMERA PARTE

La persona del Espíritu Santo

I. Personalidad

1. EXPOSICIÓN

Que el Espíritu Santo no es una fuerza impersonal, ni una mera influencia, sino que posee una personalidad plena, es la enseñanza clara e inequívoca de las Escrituras.

NOTA.— Persona es aquella que cuando habla dice «yo»; cuando se habla a ella se le dice «tú»; y cuando se habla de ella se dice «él» o «ella» (Farr).

2. PRUEBA

Que el Espíritu Santo posee personalidad, lo prueban los siguientes hechos:

a)   *Se usan pronombres personales en relación a él.*
     Jn. 14:16, 17; 15:26; 16:7-14.

NOTA.— El sustantivo griego que significa Espíritu, literalmente «aliento» o «viento», es *pneuma*, y es neutro. No obstante, en Jn. 16:14 se usa el pronombre masculino «aquel» (ekeinos), y en Ef. 1:14 es usado el pronombre masculino relativo «quien» (os).

b) *Se le atribuyen cualidades personales*
1. Conocimiento, 1 Co. 2:10-13; 12:8.
2. Amor, Ro. 15:30.
3. Voluntad, 1 Co. 12:11.

c) *Se le atribuyen actos personales*
1. Escudriña las cosas profundas de Dios, 1 Co. 2:10.
2. Habla, Hch. 13:2; 21:11; Ap. 2:7, 11, 17, 29.
3. Intercede, Ro. 8:26.
4. Testifica, Jn. 15:26.
5. Enseña, Jn. 14:26.
6. Guía, Hch. 16:6.
7. Manda y nombra para los puestos, Hch. 13:2-4; 20:28.
8. Tiene comunión. 2 Co. 13:13.
9. Obra milagros, Hch. 8:39; 10:38.

d) *Se le trata como a persona*
1. Se le entristece y se rebela contra él, Gn. 6:3; Is. 63:10; Hch. 7:51; Ef. 4:30.
2. Se le ultraja, He. 10:39.
3. Se le miente, Hch. 5:3.

II. Deidad

1. Exposición

Que el Espíritu Santo es una persona divina es enseñanza clara e inequívoca de las Escrituras.

NOTA.— La palabra «persona» en relación a la Trinidad no puede entenderse en el sentido exacto en que se aplica la palabra a los seres humanos. Esto es verdad, puesto que las tres personas, así llamadas, de la Trinidad, constituyen un solo Dios (Dt. 6:4). Usado en conexión con la Trinidad el término sencillamente quiere decir que hay distinciones personales en la Deidad.

2. Prueba

Que el Espíritu Santo posee las cualidades esenciales de Dios, los siguientes hechos lo demuestran:

a) *Se le atribuyen atributos y perfecciones divinos*
1. Eternidad, He. 9:14.
2. Omnisciencia, Jn. 14:26; 16:12, 13; 1 Co. 2:10.
3. Omnipotencia, Lc. 1:35.
4. Omnipresencia, Sal. 139:7-10.

b) *Se le atribuyen obras divinas*
1. Creación, Job 33:4; Sal. 104:30.
2. La potencia de comunicar la vida, Gn. 2:7; Jn. 6:63; Ro. 8:2.
3. La profecía, 2 S. 23:2, 3; 2 P. 1:21.

c) *El nombre del Espíritu Santo está ligado con los nombres de Cristo y de Dios, como siendo de igual rango*
1. La comisión apostólica, Mt. 28:19.
2. La bendición apostólica, 2 Co. 13:13.
3. La administración de la iglesia, 1 Co. 12:4-6.

d) *El Espíritu se identifica con Jehová del Antiguo Testamento.* Is. 6:8-10 con Hch. 28:25-27; Jer. 31:31:34 con He. 10:15-17; Éx. 16:7 con He. 3:7-9; Gn. 1:27 con Job 33:4; Sal. 95:8-11.

e) *Se puede blasfemar al Espíritu Santo.* Mt. 12:31

f) *Se puede adorar al Espíritu Santo.* 2 Co. 13:13

g) *El Espíritu Santo es llamado Dios y Señor.* Hch. 5:3; 2 Co. 3:17, 18

III. Nombres

Los siguientes son los nombres principales que encontramos en las Escrituras referentes al Espíritu Santo:

1. El Espíritu, Sal. 104:30; Jn. 3:6-8; 1 Co. 2:10.
2. El Espíritu de Dios, 1 Co. 3:16.
3. El Espíritu de Dios Viviente, 2 Co. 3:3.
4. El Espíritu de Cristo, Ro. 8:9.
6. El Espíritu de su Hijo, Gá. 4:6.
7. El Espíritu de Jesucristo, Fi. 1:19.
8. El Espíritu de Jesús, Hch. 16:7 V. M.
9. El Espíritu Santo, Lc. 11:13.
10. El Espíritu de Santidad, Ro. 1:4.
11. El Espíritu Santo de Promesa, Hch. 1:4, 5; Ef. 1:13.
12. El Espíritu de Verdad, Jn. 14:17; 15:26; 16:13.
13. El Espíritu de Vida, Ro. 8:2.
14. El Espíritu de Gracia, He. 10:29.
15. El Espíritu de Gloria, 1 P. 4:14.
16. El Consolador, Jn. 14:26; 15:16. (Literalmente «Parakletos», el que fue llamado a nuestro lado para socorrer.)

Todos estos nombres tienen un significado espiritual, y podemos conocer al Espíritu Santo en nuestra experiencia en las diferentes relaciones expresadas por sus nombres.

IV. Símbolos

Los símbolos principales del Espíritu Santo son: la paloma, el agua, el fuego, el viento, el vino y el aceite.

1. LA PALOMA

La escena del bautismo de Jesús cuando el Espíritu descendió sobre Él «como una paloma», demuestra claramente que la paloma es un símbolo del Espíritu Santo, Mt. 3:16; Mr. 1:10; Lc. 3:22; Jn. 1:32.

En las Escrituras pueden notarse las siguientes características de la paloma.

1. Amor, Cnt. 5:2; Ro. 5:5; 15:30; Gá. 5:22, 23.
2. Pureza, Cnt. 5:2; 6:9.

NOTA.— En Levítico la paloma es un ave usada en los sacrificios y, por tanto, limpia.

3. Paz, Gn. 8:8-12; Sal. 55:6; Cnt. 2:12; Gá. 5:22.
4. Mansedumbre y humildad, Cnt. 2:14; Jn. 16:13. Véase Is. 40:1, 2.
5. Hermosura, Sal. 68:13; Cnt. 1:15; 2:14.
6. Ternura, Is. 38:14; 59:11.

NOTA.— El Espíritu Santo representa la materialidad de Dios, vista en el símbolo, la paloma, Gn. 1:2. La paloma posee un cariño especial por el hogar.

2. EL AGUA

El agua es doble símbolo: de la Palabra y del Espíritu.

a) Como símbolo de la Palabra, el agua representa la purificación, Sal. 119:9; Jn. 15:3; 17:7, 19; Ef. 5:26.

b) Como símbolo del Espíritu, el agua representa refrigerio, satisfacción y plenitud, Sal. 72:6; Is. 41:18; 43:19; 44:3; Jn. 4:14; 7:37-39; Ap. 21:6; 22:17.

NOTA.— Esta agua sale de la roca, Sal. 105:41, 1 Co. 10:4; del pozo, Jn. 4:14; de las manos, Hch. 2:33; 3:19; de la Palabra, Is. 55:10, 11. Además, esta agua es como una fuente bullendo, Jn. 4:14; como un balde derramado, Nm. 24:8; como las nubes que derraman lluvias, Jl. 2:28, 29; Mal. 3:10; Hch. 2:33; como la corriente de un río, Ez. 47; como el rocío que cae en silentio, Dt. 33, 28.

3. EL FUEGO

Como el agua, el fuego es también un símbolo doble: de la Palabra y del Espíritu.

a) Como símbolo de la Palabra, el fuego significa la potencia que tienen para escudriñar y purificar, Jer. 23:29.

b) Como símbolo del Espíritu, el fuego representa tres cosas:

1. La presencia de Dios, Éx. 3:1-6; 1 R. 18:38; Is. 63:9-14; Hch. 2:3.
2. El poder de Dios. (Con las mismas citas del punto anterior.)
3. El poder purificador de Dios, Is. 4:4; 6:6, 7; Mal. 3:3; Mt. 3:11; He. 12:29.

NOTA.— El símbolo no sugiere tanto el poder consumidor del fuego, sino su energía eléctrica. El fuego es una fuerza poderosa que todo lo domina; que alumbra, hermosea y hace toda clase de maravillas. El fuego es un gran agente purificador de la naturaleza. Lo que es el fuego es el mundo natural, lo mismo es el Espíritu Santo en el mundo sobrenatural.

4. EL VIENTO

Este símbolo indica vida y actividad. Se refiere a dos aspectos de la obra del Espíritu en el hombre, a saber:

1. Nacido del Espíritu, Gn. 2:7; Ez. 37:5-10; Jn. 3:3-8; Tit. 3:5.
2. Bautizando con el Espíritu, Mt. 3:11; Mr. 1:8; Lc. 3:16; Hch. 1:5.

NOTA.— El doctor Farr dice: Este símbolo sugiere la idea de expansión, vida y actividad universal. El aire está por todas partes tocando, penetrando y sosteniendo todas las cosas. El viento es el aire en movimiento; suavemente en la brisa, velozmente en la tempestad; y por la circulación de las corrientes del aire la salud y la pureza son llevadas sobre la tierra. El espíritu Santo es, además, la fuente y el productor de la vida, pureza y poder del alma, cuerpo y espíritu.

5. EL VINO

Como símbolo del Espíritu; el vino representa estímulo, alegría y, por tanto, regocijo. Sal. 104:15; Pr. 31:6; Is. 55:1; Lc. 5:37-39; Jn. 2:1-11. Hch. 2:13; Ef. 5:18.

NOTA.— El doctor Farr dice: En Ef. 5:18 se indican dos posibles fuentes de estímulo: la embriaguez y la Deidad; llenos de vino y llenos de Espíritu. Satanás fue llamado por Agustín, Simius Dei, el mono de Dios, porque falsifica la obra de Dios. La naturaleza humana necesita un estímulo de alguna clase. Sin duda, en el propósito de Dios el Espíritu Santo debiera ser el único estímulo de la humanidad; pero Satanás ha inventado el alcohol como sustituto, tratando de disfrazar su verdadero carácter bajo nombres robados de la fuente verdadera: Ej. *aqua vitam, eau de vie*, «Agua de Vida».

6. EL ACEITE

El nombre Mesías, tanto en griego como en hebreo, significa «el ungido», Is. 61:1-3; Lc. 4:14-18. La clave del significado del aceite como símbolo del Espíritu es 1 S. 16:13. El Espíritu Santo simbolizado por el aceite significa:

1. Investidura de dones para el ministerio. Is. 61:1; Hch. 10:38; 1 Co. 12:7-11.
2. Otorgamiento de gracias para vivir, Sal. 23:5; Gá. 5:22, 23.
3. Sanidad para el cuerpo, Is. 1:6; Stg. 5:14.
4. Iluminación y revelación, Jn. 16:12, 15; 1 Co. 2:9-16; Ef. 1:17, 18; 1 Jn. 2:20-27.

SEGUNDA PARTE

La obra del Espíritu Santo

Al principiar la consideración de la obra del Espíritu Santo, tenemos que deshacer un concepto popular erróneo. Éste es el resultado de la enseñanza de Sabellius, a saber: que en la creación obra Dios el Padre; en la redención obra Dios el Hijo, y en la salvación obra Dios el Espíritu Santo. En otras palabras, esta enseñanza dice que la dispensación del Antiguo Testamento era la del Padre, la dispensación del Nuevo Testamento fue del Hijo; y la presente dispensación es la del Espíritu Santo. Pero las Escrituras enseñan que en cada manifestación de las obras de Dios, entran en actividad el Padre, el Hijo y el Espíritu Santo, de modo que en la creación, redención y salvación, podemos ver la obra efectuada por cada miembro de la Trinidad. Y en términos generales, la obra de cada miembro de la Trinidad es la siguiente: en cada actividad divina, el poder para efectuarla procede del Padre; el poder para ponerla en orden procede del Hijo; y el poder para perfeccionarla procede del Espíritu, Ro. 11:36; 1 Co. 8:6. Por tanto, el oficio del Espíritu Santo en cada fase y esfera de la actividad divina es llevar adelante, a su perfección, las cosas que han sido concebidas por el Padre y ejecutadas por el Hijo.

NOTA.— Las obras de Dios han sido divididas teológicamente en obras intangibles y tangibles. Las obras escondidas o intangibles conciernen a las operaciones invisibles de Dios; las obras manifiestas o tangibles conciernen a las operaciones visibles. Las obras intangibles pertenecen a la eternidad; las obras tangibles pertenecen al tiempo. Desde otro punto de vista, las obras intangibles tienen que ver con el ser de Dios; las obras tangibles tienen que ver con sus actividades. Por ejemplo, la cuestión de la Trinidad, la eterna generación del Hijo, y la sucesión del Espíritu (sea del Padre solo, o del Padre e Hijo) se refieren a las obras intangibles de Dios, que no han sido completamente reveladas y, por lo tanto, no pueden ser claramente entendidas.

I. El Espíritu Santo en la creación

1. LA CREACIÓN COMO OBRA DE LA TRINIDAD

En las Escrituras la creación se atribuye a cada miembro de la Trinidad:

1. Al Padre, Gn. 1:1.
2. Al Hijo, Col. 1:16; He. 11:3.
3. Al Espíritu Santo, Sal. 33:6; 104:30.

NOTA.— En la obra de la creación, se manifiesta que tres fuerzas están obrando: una fuerza causante que procede del Padre; una fuerza constructiva que procede del Hijo; y una fuerza que perfecciona, procedente del Espíritu.

2. LA CREACIÓN COMO OBRA DEL ESPÍRITU SANTO

La obra especial del Espíritu Santo en la creación, es, como lo ha expresado el doctor Kuyper, teólogo holandés: «Para conducir a la creación a su destino final, el cual es la gloria de Dios.» En otras palabras, la obra especial del Espíritu Santo es sotener y perfeccionar la vida y producir orden y hermosura en el universo. Notemos los siguientes puntos:

1. Produce orden en el universo, Gn. 1:2.
2. Crea y adorna los cielos, Job 26:13; Sal. 33:6; Is. 40:12, 13.
3. Renueva la faz de la tierra, Sal. 104:30.

4. Sostiene la vegetación, Sal. 104:10-13.
5. Sostiene la creación animal, Sal. 104:11, 12, 14, 21, 27.
6. Da vida al hombre, Gn. 2:7; Job. 33:4.
7. Sostiene y domina la vida del hombre, Gá. 5:21, 23; Ef. 5:18.

II. El Espíritu Santo en Cristo

Con respecto a nuestro Señor, el Espíritu Santo cumple una misión especial. Podemos notar las siguientes etapas:

1. En la predicción de su venida, 1 P. 1:10-12.
2. En su nacimiento de la Virgen, Mt. 1:20; Lc. 1:35.
3. En su desarrollo simétrico, Lc. 2:40, 52.
4. En su consagración oficial, Mt. 3:16, 17; Mr. 1:9-11; Lc. 3:21, 22; Jn. 1:31-34; véase Is. 61:1-3 y Lc. 4:16-22.
5. En la tentación en el desierto, Mt. 4:1-11; Lc. 4:1-13.
6. En su ministerio de predicación y sanidades, Mt. 12:28; Lc. 4:16-22; Hch. 10:38.
7. En su muerte en la cruz, He. 9:14.
8. En su resurrección, Ro. 1:4; 8:11; 1 Ti. 3:16.
9. En su ministerio después de su resurrección, Hch. 1:2.
10. En su donación del Espíritu Santo, Jn. 15:26; Hch. 2:33; Ef. 4:8. Véase Sal. 68:18.
11. En su representación por el Espíritu Santo, Jn. 14:16.
12. En su ministerio de intercesión, Ro. 8:26, 27, 34.
13. En su segunda venida, Ap. 21:17.
14. En su reinado milenial, Is. 32:15; 11:2.

III. El Espíritu Santo en las Escrituras

En las Sagradas Escrituras el Espíritu Santo ha efectuado una de sus obras más grandes, 2 Ti. 3:16; 2 P. 1:20, 21. Esto ha sido desarrollado plenamente bajo el tema de la inspiración de la Biblia. Aquí notamos brevemente una triple obra del Espíritu al dar las Escrituras.

1. Revelación, Gn. 3:16; Éx. 20:1-12; Ap. 1:1-12.

NOTA.— La revelación en conexión con esto quiere decir la obra de dar a conocer verdades que la mente humana sola jamás podría descubrir.

2. Inspiración, 2 S. 23:1, 2; Jn. 14:26; 15:26.

NOTA.— La inspiración concierne a la transmisión de verdades, tanto antiguas como nuevas.

3. Iluminación, 1 Co. 2:10-12; Ef. 1:17, 18.

NOTA N.° 1.— La iluminación concierne a la comprensión de las verdades reveladas.
NOTA N.° 2.— El Espíritu Santo interpreta y aplica las Escrituras a nuestros corazones.

IV. El Espíritu Santo en la antigua y en la Nueva Dispensación

Por Dispensación Antigua se quiere decir el período desde Adán a Pentecostés, y por Nueva Dispensación se comprende el período desde Pentecostés hasta la Segunda Venida de Cristo.

1. DISTINCIÓN ENTRE LAS DISPENSACIONES

La distinción entre la obra del Espíritu Santo en la Antigua y en la Nueva Dispensación, es un tema difícil. Después de haberlo dicho todo, se necesita mucha más luz para comprenderlo con exactitud. En primer lugar, se dice comúnmente que la diferencia se expresa por las dos preposiciones griegas «sobre» (epi) y «en» (en), es decir, que en la Antigua Dispensación el Espíritu Santo *vino a* los hombres, mientras en la Nueva Él *habita en* los hombres. Pero, esta distinción no explica claramente los hechos. Tal vez el punto donde mejor podemos considerar el asunto es en relación con la Iglesia cristiana. En el Antiguo Testamento no hay iglesia, el cuerpo de Cristo, del cual Él sea la Cabeza y que sea el templo del Espíritu Santo. Parece que aquí tenemos la distinción esencial entre la obra del Espíritu Santo en las dos dispensaciones. Podemos decir, entonces, que en el Antiguo Testamento ciertos individuos fueron escogidos para recibir la gracia del Espíritu Santo para la vida y sus dones para el servicio; mientras que en el Nuevo Testamento y en el siglo presente Él obra *en* y *sobre* el cuerpo de Cristo, y de los individuos como miembros de aquel cuerpo. Ciertos individuos (en el Antiguo Testamento); el cuerpo de Cristo (en el Nuevo Testamento); estas expresiones nos dan la clave de la diferencia en la obra del Espíritu Santo entre las dos dispensaciones (1 Co. 12:13).

2. LA OBRA DEL ESPÍRITU EN LA ANTIGUA DISPENSACIÓN

Podemos notar, en general, una obra triple del Espíritu Santo en la época del Antiguo Testamento.

1. Su acción sobre el corazón de los individuos, en gracia salvadora; por ejemplo: Abel, Enoc, Noé, Abraham, Moisés, Samuel, David, etc., Gn. 5:22, 24 (Enoc); He. 11:5 (gracia para la vida); Jud. 14, 15 (dones para el servicio).

2. Su acción sobre los profetas, los sacerdotes y los reyes —una operación completamente externa para calificarlos y capacitarlos para el oficio, Lv. 8:10; 1 S. 10:1.

3. Su acción sobre los obreros divinamente nom-

brados, confiriéndoles dones y talentos para el servicio del pueblo, Éx. 31:2, 3, 6 (Aholiab y Bezaleel); Is. 45:1; Zac. 4:6.

NOTA N.º 1.— en su libro sobre el Espíritu Santo, el doctor G. Campbell Morgan menciona una obra cuádruple del Espíritu Santo en el Antiguo Testamento. Primero, viniendo sobre los hombres, literalmente vistiéndose de ellos; ejemplo en Jue. 6:34. Segundo, viniendo sobre los hombres poderosamente, obligándoles a hacer algo; ejemplo en Samsón, Jue. 15:14. Tercero, habitando en los hombres, como en José y Josué; Gn. 41:38; Nm. 27:18. Cuarto, capacitando y llenando a los hombres para un servicio especial; Éx. 31:1, 2 (Aholiab y Bezaleel).

NOTA N.º 2.— En su librito sobre la doctrina del Espíritu Santo el doctor Scofield dice: «En el Antiguo Testamento el Espíritu de Dios es revelado como una persona divina. Como tal coopera en la obra de la creación, contiende con los hombres pecadores (Gn. 6:3), ilumina el espíritu del hombre (Job 32:8; Pr. 20:27), da habilidad a la mano (Éx. 31:2-5), reviste con fuerzas físicas (Jue. 14:6), y capacita a los siervos de Dios para un ministerio variado (Éx. 28:3; 35:21, 31. Nm. 11:25-29; I S. 16:13, 17 y 2 S. 23:2). A esto debe agregarse aquella operación de Espíritu por la cual los hombres de fe en las edades del Antiguo Testamento fueron regenerados. Aunque esta doctrina no se enseña explícitamente en el Antiguo Testamento (sólo proféticamente), las palabras de nuestro Señor en Jn. 3:5 y Lc. 13:28 no dejan duda respecto al hecho mismo. Puesto que el nuevo nacimiento es esencial para ver y entrar al reino de Dios, y puesto que los santos del Antiguo Testamento están en aquel reino, se sigue necesariamente que ellos fueron nacidos del Espíritu. Pero, en vista de que en aquella dispensación no se ocupaba plenamente la posición de hijos, por ser todavía menores y bajo amos, como Pablo explica en Gálatas, capítulos 3 y 4, y no tenían todavía el Espíritu de adopción o de hijos, morando en ellos. También debe recordarse que al santo del Antiguo Testamento no le fue revelado ningún modo en que podría recibir al Espíritu Santo. Todos los oficios del Espíritu fueron reservados dentro de la voluntad soberana de Dios, Él enviaba el Espíritu sobre quien Él lo deseaba. Que el Espíritu viniera sobre un individuo no comprobaba completamente que era salvo. Aun un creyente sincero no tenía la seguridad de que el Espíritu Santo no lo abandonaría (Sal. 51:11), mientras el creyente de esta Dispensación tiene la promesa expresa de la permanencia del Espíritu.

3. La obra del Espíritu en la Nueva Dispensación

En la Nueva Dispensación podemos distinguir una obra triple del Espíritu Santo:

1. Dando principio y formando la Iglesia cristiana el día de Pentecostés, como un cuerpo de miembros vivos del cual Cristo es la Cabeza resucitada y exaltada, 1 Co. 12:12-27; Ef. 1:22, 23.
2. Llenando a la Iglesia con su presencia y poder, Ef. 2:19-22.
3. Confiriendo dones y virtudes a la Iglesia. Ro. 12:6-8; 1 Co. 12:4-11, 28-31; gá. 5:22, 23.

V. El Espíritu Santo en la Iglesia

Ya se ha anticipado este tema en la obra del Espíritu Santo en las distintas dispensaciones. Además, la obra del Espíritu de Dios en la Iglesia y en el creyente es muy parecida, puesto que lo que acontece en la Iglesia como cuerpo de Cristo, también sucede en los creyentes como miembros de ese cuerpo. Pero en general podemos seguir una obra séptuple del Espíritu Santo en y por medio de la Iglesia.

1. Organizándola el día de Pentecostés, como el cuerpo de Cristo, Hch. 2:1-4; Ef. 1:22, 23.
2. Habitando en ella, como el templo de Dios, 1 Co. 6:19, 20; 2 Co. 6:16; Ef. 2:21, 22.
3. Revistiéndola con dones y virtudes para el servicio. (Véase el último tema.)
4. Dando a la Iglesia la revelación de verdades divinas. (Véase el tema III.)
5. Dándole el Espíritu de Iluminación para guiarla a toda verdad, Jn. 16:13; 1 Jn. 2:20, 27.
6. Presidiendo sobre la Iglesia y guiándola en toda la voluntad de Dios, Hch. 15:28.
7. Completando el cuerpo de la Iglesia, llamando a un pueblo para el nombre de Cristo. He. 15:14-18.

VI. El Espíritu Santo en el mundo

Hay algunos que sostienen que el Espíritu Santo no tiene ninguna obra especial en relación con el mundo. Es claro, no obstante, que tiene un ministerio triple:

1. Restringe el desarrollo del mal, hasta que se cumpla el propósito de Dios, 2 Ts. 2:7.
2. Convence de pecado, de justicia y de juicio, Jn. 16:8-11.
3. Da testimonio a la verdad de Dios en la predicación y el testimonio, Jn. 15:26-27; Hch. 5:30-32.

VII. El Espíritu Santo en el creyente

La obra del Espíritu Santo en el creyente es un tema vasto. Abarca, en verdad, toda la esfera de la vida cristiana, la cual en todas las fases de su desarrollo es el resultado de su actividad benigna y gloriosa. Conviene, entonces, estudiar el tema desde varios puntos de vista.

1. UNIÓN CON CRISTO

Una de las maneras más llamativas y hermosas para estudiar la obra del Espíritu de Dios en los hijos de Dios, es considerarla en relación con nuestra propia unión con Cristo.

1) SIGNIFICADO

Unión con Cristo quiere decir tal conexión del creyente con el Señor Jesucristo que constituya una base justa y razonable para la herencia por fe de todos los beneficios de la expiación. Esta base justa y razonable es la de ser hechos partícipes de la naturaleza divina, 2 P. 1:4.

En nuestro estudio de la expiación buscamos una base justa y razonable sobre la cual Cristo podría heredar nuestra culpa y llevar nuestro castigo, y la hallamos en su participación de nuestra naturaleza: He. 2:14. Asimismo, para heredar la justicia de Cristo y llevar el peso de su gloria, tanto aquí ahora, como después en la vida futura, encontramos una base justa y razonable en el acto de ser hechos uno con Él por el nacimiento espiritual: 1 Co. 6:17. Hay aquí un paralelo exacto: por la encarnación, Cristo, con justicia, toma nuestro lugar en la penalidad, y por la regeneración, nosotros, con justicia, tomamos su lugar en la santidad.

2) SIMBOLISMO

Hay cinco símbolos en el Nuevo Testamento de la unión del creyente con Cristo:

1. La figura arquitectónica, o sea la relación existente entre el fundamento y el edificio, Ef. 2:20-22; Col. 2:7; 1 P. 2:4, 5; Sal. 118:22; Is. 28:16. Jesucristo es el fundamento, y su pueblo es el edificio. La clave que interpreta el significado espiritual de este símbolo es la idea de habitación. El Espíritu Santo habita en este templo formado por los creyentes, 2 Co. 6:16.

2. La figura matrimonial, o sea, la relación existente entre el esposo y la esposa: Ro. 7:4; 2 Co. 11:2; Ef. 5:31, 32; Ap. 19:7c. Cristo es el esposo y su pueblo constituye su novia. la clave que interpreta este símbolo es el amor místico. El Antiguo Testamento abunda en referencias a esta relación entre Jehová e Israel. Leed, por ejemplo, Cantar de Cantares, y también Os. 2:14-23. El resultado de esta relación santa entre Cristo y el creyente es el fruto del Espíritu, Gá. 5:22-23.

3. La figura vegetal, o sea la relación existente entre la vid y los sarmientos. La alegoría hermosa de la vid y los sarmientos en Jn. 15:1-16, es una exposición de esta unión vital entre Cristo y el creyente. Debe estudiarse cuidadosamente. Léase también Ro. 11:17-24; Col. 2:6, 7.

Cristo es la vid verdadera y su pueblo los sarmientos espirituales. Vemos aquí simbolizada la condición necesaria para llevar fruto.

4. La figura física, o sea la relación existente entre la cabeza y el cuerpo, 1 Co. 6:15, 19; 1 Co. 12:12, 27; Ef. 1:22, 23; 4:15; 5:29, 30.

Cristo es la cabeza y la Iglesia es el cuerpo. La clave que interpreta el significado espiritual de este símbolo es: complemento, dependencia mutua y administración. En i Co. 12:12 se encuentra una notable expresión: a la Iglesia se le denomina Cristo (o sea, la cabeza y el cuerpo, unidos constituyen aquel «varón perfecto» descrito en Ef. 4:13).

5. La figura de la raza humana, o sea la relación existente entre adán y Cristo: Ro. 5:12-21. Este pasaje es de gran importancia, pues aquí el apóstol muestra la relación histórica y doctrinaria entre Adán y Cristo. Otro pasaje que trata de esto es 1 Co. 15:22, 45, 49.

Adán es la cabeza de la raza natural; Cristo es la cabeza de la raza espiritual. La clave que interpreta el significado espiritual de este símbolo es la representación. Es decir, Adán es el representante de todos aquellos que descienden de él, directa o indirectamente. Lo que era verdad en cuanto a él también lo es en cuanto a los miembros de su raza. Del mismo modo, Cristo es la cabeza, el representante de la nueva raza nacida o descendiente de Él, y lo que se puede decir de Él también corresponde a los miembros de la raza de la cual Él es la cabeza.

2. ASPECTOS GENERALES DE LA OBRA DEL ESPÍRITU SANTO EN EL CREYENTE

Reunimos aquí un número de los pasajes en que se expone la obra del Espíritu Santo en el creyente:

1. La Regeneración, Jn. 3:5; Tit. 3:5.
2. La Santificación, 2 Ts. 2:13; 1 P. 1:2.
3. La Libertad de la muerte y del pecado, Ro. 8:2.

4. La fortificación con potencia, Ef. 3:16.
5. La Adopción, Ro. 8:14.
6. Atestigua la adopción, Ro. 8:16.
7. Produce fruto, Gá. 5:22-23.
8. Guía a toda verdad, Jn. 16:13.
9. Trae las cosas a nuestra memoria, Jn. 14:26.
10. Revela las cosas profundas de Dios, las interpreta y las aplica, 1 Co. 2:9-14.
11. Confiere el poder de comunicar a otros la verdad revelada, Hch. 1:8; 1 Co. 2:1-4; 1 Ts. 1:5.
12. Guía en la oración, Ro. 8:26; Ef. 6:18; Jud. 20.
13. Inspira sentimientos de gratitud, Ef. 5:18-20.
14. Inspira sentimientos de adoración, Fi. 3:3.
15. Separa a los siervos del Señor para un servicio definido, Hch. 13:2-4.
16. Guía en los pequeños detalles de la vida, Hch. 8:27-29; 16:6, 7.
17. Vivifica el cuerpo mortal, Ro. 8:11.

3. ASPECTOS DOCTRINALES ESPECIALES

En cuanto a la obra del Espíritu en y sobre el creyente, hay dos opiniones:

1. Él empieza su obra al tiempo de la conversión. Esta opinión la sostienen aquellos que dan mucho énfasis a la libertad de la voluntad humana.
2. Él empieza su obra antes del tiempo de la conversión —tal vez tan temprano como el nacimiento o aún antes. Esta opinión es sostenida por aquellos que dan mucho énfasis a la soberanía de Dios.

Hay verdad en ambas opiniones. En aquellos que han de ser hijos de Dios por la fe en Jesucristo, tenemos que creer que el Espíritu Santo obra antes de la conversión —guiando, protegiendo y gobernando providencialmente sus vidas. Sal. 139:13-18; Jer. 1:5; Gá. 1:15, 16.

De las muchas palabras y expresiones usadas en las Escrituras para exponer la obra especial del Espíritu

Santo en el creyente, elegimos seis términos emplea-
dos en el Nuevo Testamento, que parecen abarcar y representar la extensión y la intención de la experiencia
cristiana, a saber: la elección, el llamamiento, la conversión, la justificación, la regeneración y la santificación, Hch. 3:19; Ro. 4:25; 8:29, 30; 2 Ts. 2:13; 2 P. 1:10;
Tit. 3:5.

1) ELECCIÓN

1) *Clases*

Hay tres elecciones distintas mencionadas en las
Escrituras: Primero, nacional, como en el caso de Israel, Ro. 9:11; 11:5-28. Segundo. Oficial, como en el
caso de Aholiab y Bezaleel, Éx. 31:1-6. Tercero, redentora, como en el caso de la Iglesia y del creyente, 1 Ts.
1:4; 2 P. 1:10.

2) *Elección redentora*

La elección redentora puede definirse como la determinación de Dios, desde la eternidad, de salvar a
ciertos individuos, aparte de cualquier mérito propio,
sobre la base de su fe prevista por Dios. Esto es predes-
tinación.

NOTA.— En Ro. 8:29 ocurren dos verbos, a saber: «conocer
en su presciencia», y «predestinar». La palabra griega traducida «conocer en su presciencia» ocurre en Hch. 26:5; Ro. 8:29
y 11:2; 1 P. 1:20; 2 P. 3:17. La palabra griega traducida «predestinar» ocurre en Hch. 4:28; Ro. 8:29, 30; 1 Co. 2:6; Ef. 1:5,
11. La palabra griega traducida «conocer en su presencia» o
«conocer de antemano» implica el hecho de conocer de antemano el carácter; la palabra griega traducida «predestinar»
implica una determinación fundada sobre tal presencia del carácter.

2) LLAMAMIENTO

Hay dos llamamientos distintos mencionados en
las Escrituras: Primero, *General*, por medio de la pro-

clamación pública del evangelio: Is. 45:22; 55:6; 65:12; Ez. 33:11; Mt. 11:28; 22:3; Mr. 16:15; Jn. 12:32; Ap. 3:20. Segundo; *Especial*, por el llamamiento personal del Espíritu Santo: Lc. 14:22; 14:23; Ro. 1:7; 8:30; 11:29; 1 Co. 1:23, 24, 26; Fil. 3:14; Ef. 1:18; 1 Ts. 2:12; 2 Ts. 2:14; 2 Ti. 1:9; He. 3:1; 2 P. 1:10.

3) CONVERSIÓN

1) *Definición*
La conversión puede definirse como aquel cambio voluntario en la mente del pecador, en el cual él se vuelve, por una parte, del pecado, y por otra parte, a Dios. Este acto de volverse del pecado es negativo, y constituye el arrepentimiento; el volverse a Dios es un elemento positivo, y ésta es la fe.

NOTA.— La conversión es el lado humano de la salvación. La palabra «conversión» del latín quiere decir «volverse», dar una media vuelta, cambiar de rumbo en sentido opuesto. Aunque bien es cierto que se dice que Dios convierte a los hombres y que ellos convierten a sus prójimos, al mismo tiempo las Escrituras en todas partes exhortan a los hombres a convertirse a sí mismos, es decir, a volverse de un pecado a Dios, Sal. 85:4; Cnt. 1:4; Pr. 1:23; Is. 31:6; 59:20; Jer. 31:18; Ez. 14:6; 18:32; 33:9, 11; Jl. 2:12, 14; Stg. 5:19, 20.

2) *Arrepentimiento*
El arrepentimiento puede definirse como un cambio voluntario en la mente del pecador, por el cual él se vuelve del pecado. El arrepentimiento envuelve un cambio de opinión, cambio de sentimiento y cambio de propósito.

NOTA.— La palabra griega traducida «arrepentimiento» quiere decir «cambio de parecer».

3) *Elementos del arrepentimiento*
Son tres: (a) Intelectual. Éste es un reconocimiento del pecado como culpa y contaminación personal: Sal.

51; Ro. 1:32; Ro. 3:19, 20. (b) Emocional. Esto es dolor en el corazón por el pecado cometido contra Dios; 2 Co. 7:9, 10. (c) Volitivo. Esto es la renuncia de todo pecado, Jr. 25:5; Hch. 2:38; Ro. 3:4.

NOTA.— El arrepentimiento que no alcance a afectar al elemento volitivo no es el arrepentimiento que enseñan las Escrituras. Junto con el arrepentimiento tiene que ir la reparación y restitución, como en el caso de Zaqueo.

4) *Fe*

La fe puede definirse como aquel cambio voluntario en la mente del pecador por el cual él se vuelve a Dios. Igual que el arrepentimiento, la fe envuelve un cambio de opinión, cambio de sentimientos y cambio de propósito.

5) *Elementos de la fe*

Son tres: (a) Intelectual. Éste es la creencia en la existencia de Dios y en la enseñanza de las escrituras, Jn. 2:22, 23; Stg. 2:19. (b) Emoción. Éste es la fe personal de que Cristo es el único Salvador del pecador; Mt. 13:21; Jn. 5:35; 8:30, 31. (c) Volitivo. Éste concierne al acto de la rendición a Cristo y la confianza en Él como Salvador y Señor: Hch. 16:31; Ap. 3:20.

NOTA.— La fe que no alcanza a afectar la voluntad no es la «fe salvadora». Todos estos tres elementos se encuentran en He. 11:6.

4) JUSTIFICACIÓN

1) *Definición*

La justificación puede definirse como aquel acto judicial por el cual, por amor de Cristo, a quien el pecador está unido por la fe, Él declara que el pecador no está más expuesto a la penalidad de la ley, sino que es restaurado al favor divino.

NOTA.— En el Nuevo Testamento la palabra «justificar» no quiere decir «hacer justo», sino «declarar justo». Y la justificación es el estado de uno que es así declarado justo, Ro. 8:10; 1 Co. 1:30.

2) Elementos de la justificación

Son dos: la remisión del castigo, y la restauración al favor divino.

a) La remisión del castigo. La penalidad del pecado es quitada al pecador a base de lo que Cristo ha hecho en la cruz.

b) Restauración al favor divino. El pecador es restaurado al favor divino sobre la base de la obediencia perfecta de Cristo a la ley de Dios.

1. Como un acto de amistad restaurada ésta se llama reconciliación, 2 Co. 5:18.

2. Como un acto incorporándonos a la familia de Dios como hijo, se llama adopción, Jn. 1:12; Ro. 8:15; Gá. 4:5; Ef. 1:5; 1 Jn. 3:2.

3) Base para la justificación

Ésta no es la obra de la ley, ni el merecimiento humano, Hch. 13:39; Ro. 3:20; Gá. 2:16; sino la sangre de Cristo, Ro. 3:24, 25; Ro. 5:1, 9; Gá. 3:13; 1 P. 2:24.

4) Condiciones para la justificación

La fe, Hch. 13:39; Ro. 3:26; 4:5; 5:1.

NOTA.— No deben confundirse la base y la condición de la justificación. Lo que Cristo ha hecho es la base de la justificación; nuestra fe en Cristo es simplemente el medio por el cual recibimos las bendiciones de esta obra expiatoria. Estas bendiciones son: la Paz, Ro. 5:1; la libertad de la condenación, Ro. 8:1; hechos herederos de Dios, Tit. 3:7; salvación de la ira, Ro. 5:9; y la glorificación, Ro. 8:30.

5) REGENERACIÓN

1) *Definición de las Escrituras*
En las Escrituras hay varias representaciones de la regeneración, que no son tanto definiciones exactas como descripciones vividas de la verdad.

a) Un corazón nuevo y un espíritu nuevo, Ez. 36:26.

b) Nacer otra vez, o nacer de arriba, Jn. 3:3.

c) Pasar de la muerte a la vida, Jn. 5:24; Ef. 2:1, 5; 1 Jn. 3:14.

d) Una creación nueva, 2 Co. 5:17; gá. 6:15.

e) Participación de la naturaleza divina, 2 P. 1:4.

f) Renovación de la mente, Ro. 12:2.

2) *Definiciones teológicas*
Las siguientes son algunas definiciones teológicas, más o menos aproximadas a la verdad:

a) La regeneración es una obra espiritual efectuada por el Espíritu de Dios en el espíritu del hombre.

NOTA.— Esta definición no define la regeneración, pues podría decirse esto de cualquier obra del Espíritu en la vida cristiana.

b) La regeneración en el acto de dar nueva inclinación y nueva dirección a los afectos y a la voluntad.

NOTA.— Esta descripción de la regeneración no es adecuada: abarca una parte de la obra, pero no el todo.

c) La regeneración es la comunicación de la naturaleza divina al hombre por la operación del Espíritu Santo por medio de la Palabra.

NOTA.— Esta definición es tal vez la mejor que tenemos.

3) *Necesidad de regeneración*
La necesidad de la regeneración se expresa en la declaración de Jesús en Jn. 3:7: «Os es necesario nacer

de nuevo.» Se puede pasar de la vida natural, o de la carne, a la vida sobrenatural, o al Espíritu, sólo por el nuevo nacimiento, Jn. 3:6.

4) *El Agente y el instrumento*
Éste es el Espíritu Santo aplicado y obrando por medio de la Palabra de Dios, Jn. 15:3; 17:17; 1 Co. 4:15; Ef. 5:25, 26; 1 P. 1:23-25.

6) SANTIFICACIÓN

1) *Definiciones de las Escrituras*
La santidad del cristiano fluye de un contacto vital con Dios. Este contacto tiene tanto un lado divino como uno humano.

2) *El lado divino*
Por el lado divino hay dos puntos de contacto, a saber, la Cruz de Cristo, y el don del Espíritu.

a) *La Cruz de Cristo*
El primer punto de contacto divino, donde se recibe la santidad, es la Cruz de Cristo, el primer paso en el camino de la victoria es la visión de la Cruz. En la experiencia cristiana la comprensión de la verdad divina viene antes de la apropiación y realización. La visión precede a la victoria. El hijo de Dios tiene que ver su herencia espiritual antes de poder entrar en posesión efectiva de ella. En la santificación las alturas de la victoria se divisan cuando el creyente todavía está luchando en las profundidades de la derrota.
Veamos clara y precisamente qué es esta visión de la victoria. Todo se halla envuelto en la sencilla frase: «por Jesucristo nuestro Señor». Esta expresión quiere decir tres cosas: Primero, nuestra identificación con Cristo en su crucifixión; segundo, nuestra identificación con Cristo en su resurrección; y tercero, la identificación de Cristo con nosotros por su habitación en nuestro corazón.

1. Nuestra identificación con Cristo en su crucifixión.

Hay dos aspectos en que el creyente mantiene relaciones con la cruz, a saber, en la sustitución y en la identificación.

De estas verdades, tal vez la sustitución no es mejor conocida. Cristo murió por nosotros. Él llevó nuestros pecados en la cruz. Él tomó nuestro lugar bajo la ira y soportó la penalidad que nosotros merecíamos. Ésta es la visión de la Cruz, que viene al pecador impotente; y cuando él se la apropia por fe ella trae salvación de la culpa del pecado. Éste es el significado de «Cristo nuestro Salvador» (Is. 53:6; He. 13:12).

El segundo aspecto de nuestra relación con la Cruz —la identificación— necesita un énfasis especial, puesto que no es bien comprendida por muchos cristianos. Cristo murió por nosotros, ésa es la verdad; pero es sólo la mitad de la verdad. Nosotros morimos en Cristo, ésta es la otra mitad de la verdad. La afirmación que Cristo murió por nosotros para que escapásemos del castigo es sólo parte de la verdad. También es preciso decir que Dios considera que hemos sido castigados en Cristo. Para expresar la verdad de una manera personal, se puede decir que en la persona de mi Sustituto yo llevé el castigo de mi pecado. En Él la ley agotó su potencia de muerte sobre mí. Cuando Cristo murió, yo también morí. Con referencia a la exigencia de la ley, yo soy considerado, ante los ojos de Dios, como un hombre muerto. Eso es lo que Pablo quiso decir cuando dijo: «Con Cristo estoy juntamente crucificado» (Gá. 2:20). Ésta es también la enseñanza clara de tales pasajes como Ro. 6:4, 5, 8, 11; 7:4; 2 Co. 5:14; Col. 3:3; 2:12.

2. Nuestra identificación con Cristo en su resurrección.

Ésta es la segunda parte de la visión de victoria. En los mismos dos aspectos en que el creyente está relacionado con la crucifixión de Cristo, también está relacionado con su resurrección; por la sustitución y la identificación, nuestro señor Jesús fue nuestros sustituto tanto en su crucifixión como en su resurrección; Él no sólo murió por nosotros en la cruz, sino también por nosotros resucitó de la muerte.

Ahora, en su resurrección, tanto como en su crucifixión, el creyente está identificado con Cristo. Esto es lo que Pablo quiso decir cuando dijo: «Con Cristo estoy juntamente crucificado, y vivo« (Gá. 2:20). Para expresar la verdad en forma personal, yo morí con Cristo, pero también resucité con Él. Yo estaba en Él cuando Él fue colgado en la Cruz, y cuando se acostó en la tumba; pero también estaba yo en Él cuando rompió los lazos de la muerte en la mañana de la resurrección. Así el apóstol Pablo expresa nuestra identificación con Él: «Crucificado juntamente con Cristo», esto expresa nuestra identificación con nuestro Señor en la muerte. «Resucitado con Cristo» expresa nuestra unión con el Señor en la vida. Veamos algunos versículos que exponen nuestra unión con Cristo por el lado de la vida, nuestra identificación con Él en su resurrección: Ro. 4:25; 1 Co. 15:14, 17, 20; Ro. 6:4, 11; 2 Co. 5:14, 15; Col. 2:12; 3:1, 3.

De esta identificación doble del creyente con Cristo en su muerte y resurrección, el bautismo es una representación simbólica impresionante. El bautismo tiene un significado doble. En primer lugar, es la señal exterior y visible de la obra interior de gracia efectuada por el Espíritu Santo en la regeneración. Pero en segundo lugar, el bautismo en su significado espiritual más profundo, es un símbolo de la muerte. No es un rito de purificación, sino un tipo de crucifixión y resurrección, Ro. 6:3, 4; Col. 2:12.

3. La identificación de Cristo con nosotros por medio de su presencia personal en nuestros corazones.

Ésta es la última parte de la visión de la victoria, y es la más gloriosa de todas. Cristo mismo, por medio del Espíritu Santo, vendrá y habitará en nuestros corazones y vivirá su propia vida dentro de nosotros, Gá. 2:20; Jn. 14:20, 21; Col. 1:27; Ro. 15:29. Es preciso afir-

mar con todo énfasis que la vida cristiana es la vida de
Cristo. No es una imitación, es una encarnación. No
copiamos a Cristo, sino lo reproducimos; o más bien,
Él reproduce su propia vida dentro de nosotros por la
presencia del Espíritu Santo en el corazón.

b) *Don del Espíritu Santo*
La identificación del creyente con Cristo en su
muerte y resurrección es el lado histórico y completo
de la santidad.

1. La experiencia de la Iglesia Apostólica.
En la experiencia de la Iglesia Apostólica, según la
narración del libro de los Hechos, hay tres cosas íntimamente relacionadas, a saber: conversión, bautismo,
y recepción del Espíritu Santo (Hch. 2:38, 39).

Tres hechos resaltan aquí: Primero, la conversión,
el bautismo, y la recepción del Espíritu Santo son tres
cosas distintas, y separadas; segundo, estas tres cosas
aunque separadas y distintas, están íntimamente relacionadas, tanto como doctrinas y como experiencias; y
tercero, estas tres cosas están aquí declaradas en su orden normal y en su relación según las Escrituras. Un
examen cuidadoso del libro de los Hechos conduce a
las siguientes conclusiones: Primero, que en algunos
casos el Espíritu Santo fue recibido *al tiempo de la conversión*; y segundo, que en otros casos el Espíritu Santo fue recibido *después de la conversión*.

En los siguientes casos el Espíritu Santo fue recibido al tiempo de la conversión, Hch. 2:38-41; 10:44-48.

2. La enseñanza de los escritos apostólicos.
Hemos estudiado la experiencia de la Iglesia Apostólica, con referencia a la recepción definitiva del Espíritu Santo, según la historia de los Hechos. Ahora
veamos la enseñanza de las epístolas.

Citemos unos pocos pasajes que se refieren a la posesión del Espíritu Santo o a la habitación de Cristo en
los corazones. Hay dos clases de pasajes que pueden
agruparse, pues es el bautismo del Espíritu Santo el

que trae a nuestros corazones la revelación de la presencia de Cristo en nosotros, 1 Co. 3:16, 17; Ro. 8:9, 10; 1 Co. 12:13; 2 Co. 13:5; Gá. 3:2; 4:19; Ef. 3:14-19; Col. 1:27.

Un examen cuidadoso de estos y otros pasajes parecidos revela dos hechos llamativos: Primero, en algunos casos el bautismo o la posesión del Espíritu Santo se identifica con la regeneración o la conversión; y segundo, en otros casos estas experiencias están separadas por un período de tiempo. Pero es precisamente la conclusión a que llegamos en nuestro estudio del libro de los Hechos. Así, la experiencia de la Iglesia Apostólica y la enseñanza de los escritos apostólicos están de acuerdo; y en efecto, tiene que ser así, pues el mismo Espíritu Santo que produjo la experiencia en los individuos también inspiró los escritos.

3. La crisis espiritual en la vida de nuestro Señor. A los treinta años de edad, se produjo una crisis marcada en la vida de nuestro Señor. Fue entonces, en el río Jordán, que Cristo no sólo fue bautizado en agua por Juan Bautista, sino que también fue bautizado *con* el Espíritu Santo por su Padre Celestial.

¿Qué significado tenía esta crisis en la vida de Cristo? Desde su nacimiento hasta su bautismo el Espíritu Santo estaba *en* Cristo; pero desde su bautismo hasta su muerte el Espíritu Santo estaba *dentro* de Cristo. Después de la crisis en el río Jordán las dos personalidades estuvieron inseparablemente unidad —Jesús de Nazaret y el Espíritu Santo.

Ahora el apóstol Juan nos dice que «como Él es, así somos nosotros en este mundo» (1 Jn. 4:17). En esta experiencia, por tanto, como en todas las cosas, Cristo es nuestro modelo divino. Así, después de nacer del Espíritu —y no debe ser mucho tiempo después— debemos ser bautizados con el Espíritu. Es entonces, en conexión con la recepción de cristo como nuestra santificación, que recibimos la Persona del Espíritu Santo como el Consolador que permanece para siempre. Una vez que Él viene a nuestros corazones nunca nos abandona.

3) El lado humano

El contacto con Dios, por el cual el cristiano llega a ser participante de la santidad de Cristo, tiene tanto un lado humano como otro divino. Por el lado humano, se forma el contacto por un acto de rendición absoluta y de fe y apropiación personal.

a) El acto de rendición absoluta

Otro nombre con que suele llamarse la rendición es consagración. Pero como la consagración es realmente una obra divina, rendición es el mejor término. El cristiano puede rendir a Dios su corazón y su vida, pero él no puede consagrarlos; sólo Dios puede hacer esto. Así, los sacerdotes del Antiguo Testamento no se consagraron a sí mismos, sino Moisés, obrando en lugar de Jehová, los consagró; los sacerdotes sólo pudieron rendirse para ser consagrados.

Rendición es la obra de entregarse a Dios, El creyente tiene que colocar toda su vida sobre el altar, abandonar todo derecho sobre ella, y considerarse desde entonces en adelante, y para siempre, como propiedad del Señor. La rendición es un acto doloroso. Quiere decir separación; quiere decir sacrificio; quiere decir negación de sí mismo; quiere decir muerte, Lv. 8:1-13; Ro. 6:13; 12:1; Mt. 16:24.

La negación de sí mismo, que es la esencia de la rendición, no es el acto de dejar *las cosas*; sino entregar la vida y voluntad. La rendición a Dios tiene que ser voluntaria, completa y final.

1. Tiene que ser voluntaria.

A no ser que el paso de la rendición se tome voluntariamente, ella no será efectiva y no tendrá ningún valor espiritual. Dios llama a los hombres, pero no los obliga contra su voluntad. Al hacer las elecciones y decidir el destino, la voluntad es libre. Es verdad que Dios dará motivos que influirán hacia una acción correcta, pero Él no determinará abiertamente la decisión de la voluntad. Por tanto, si la voluntad no se rinde, no hay rendición ninguna, y si la voluntad no está libre en su acción la rendición no es voluntaria. Una rendición obligatoria sería el resultado de la fuerza; la rendición voluntaria es el resultado del amor, Gn. 22:16, 17; Fil. 3:7-11; Sal. 40:6-8; He. 10:5-9; Fil. 2:5-8; Ro. 12:1, 2.

2. Tiene que ser completa.

A menos que la rendición sea completa, no puede llamarse rendición. Una consagración parcial no es suficiente. Dios no aceptará un corazón dividido. Es menester no retener parte del precio. Si esperamos que Dios se nos dé completamente a nosotros, tenemos que darnos completamente a Él. En la hora de la rendición, es buena cosa hacer un inventario de nuestra vida: espíritu, alma, cuerpo, fuerzas, carácter, reputación, posesiones, etc., y entonces colocar todo, sin reserva alguna, una vez y para siempre, sobre el altar (Mal. 3:10).

3. Tiene que ser final.

Si la rendición no es final, no puede llamarse verdadera. Entendida debidamente, la rendición no puede ser ni repetida ni revocada; es inalterable e irrevocable. Hay cristianos que tienen la costumbre de reconsagrar sus vidas en cada ocasión favorable. En efecto, hay algunos que se entregan de nuevo a Dios al empezar cada día. El motivo tras esta acción es sin duda bueno, pero la práctica misma no es bíblica. Así declaró Pablo, «que Él es poderoso para guardar mi depósito para aquel día», 2 Ti. 1:12; véase también Jn. 10:27-29; Sal. 118:27.

b) *El acto de apropiación por fe*

El bautismo del Espíritu Santo se recibe no sólo por el acto de una rendición absoluta, sino también por una fe personal que apropia la bendición. Las dos condiciones tienen que ir juntas y en este orden. La rendición es el acto de entregarse a Dios; la fe es el acto de recibir a Dios. Además, la rendición es negativa y pasiva; mientras que la fe es positiva y activa. También, precisamente como el acto de rendición que tiene que ser voluntario, completo y final, así el acto de fe tiene que ser definitivo, vital, apropiándose lo que Dios ofrece.

CAPÍTULO VIII

Octava Doctrina - Eclesiología

I. La idea de Iglesia

La idea fundamental del Nuevo Testamento acerca de la Iglesia se presenta claramente en el verbo griego *kalein*, cuyo significa es «llamar», con sus derivados y combinaciones.

1. *Kalein*. Esta palabra griega, que significa «llamar», denota el primer acto de Cristo en conexión con la Iglesia, Ro. 8:30; 1 Co. 1:9; 2 Ts. 2:14; 1 P. 2:9.

2. *Kleectoi*. Esta palabra que significa «los llamados», designa a los miembros de la Iglesia, Ro. 1:6, 7; 8:28; 1 Co. 1:1, 2; Jud. 1.

3.. *Kleesis*. Esta palabra que significa «llamamiento», denota la vocación u ocupación de la Iglesia, Ro. 11:29; 1 Co. 1:26; Ef. 4:14.

4. *Parakleetos*. Esta palabra, que generalmente es traducida «consolador», designa el Espíritu residente que está en los *Kleetoi* (los llamados): Jn. 14:16, 17, Ro. 8:9, 11; 1 Co. 3:16; Ef. 2:22.

5. *Epikalein*. Esta palabra indica el hecho distintivo del *Kleetoi*, «llamar a Cristo», o «invocarlo en la oración», 1 Co. 1:1, 2; Ro. 10:9, 13; Hch. 22:16; 9:14, 21; 7:58, 59.

6. *Parakalein*. Esta palabra señala la actitud distintiva del *Kleetoi* entre sí, es decir, las relaciones entre los miembros del *Kleetoi* «llamar, exhortar, o fortalecer en la fe», He. 3:13; 10:25; 1 Ts. 3:2.

7. *Ekkleesia*. Esta palabra designa a la compañía, cuerpo u organismo del *Kleetoi*, a saber la Iglesia, Mt. 16:18, 18:17.

NOTA.— Resumiendo esta combinación de significados, podemos decir que la idea fundamental de Iglesia es la de una compañía de creyentes llamados del mundo y habitados por el Espíritu de Dios, y cuyo especial ministerio hacia Dios es la oración, y hacia sus comiembros es la exhortación y la consolación.

II. El doble significado de Iglesia

El Nuevo Testamento usa la palabra griega *Ekleesia* (Iglesia) en dos formas o modos:

I. La *Iglesia Universal*, un Cuerpo Espiritual, compuesto de los creyentes de todos los siglos y tiempos, que son unidos a Dios por la fe en el Señor Jesucristo, Éf. 1:2; 3:21; He. 12:23.

II. La *Iglesia Local*, un Cuerpo Visible de creyentes unidos a Dios por la fe en el Señor Jesucristo. Hay tres aplicaciones especiales de esta forma:

1. Una pequeña compañía en una casa, Ro. 16:5; Flm. 2.

2. Una congregación cristiana en una aldea o ciudad; 1 Co. 1:2; 1 Ts. 1:1.

3. Un grupo de Iglesias en un país o nación, Gá. 1:2.

NOTA N.º 1.— Podemos agregar, además, dos variantes modernas en el uso de la palabra Iglesia, a saber: (a) las ramas o divisiones del cristianismo, como ser, la Iglesia Griega, la Iglesia Romana, la Iglesia Protestante, etc.; (b) el edificio en el cual los miembros celebran sus reuniones y adoran a Dios.

NOTA N.º 2.— Se encuentra la palabra Iglesia dos veces en los Evangelios, en Mateo, y ambas en tiempo futuro. En el capítulo 16:18 Cristo se refiere a la Iglesia universal, espiritual e invisible, y en el capítulo 18:17 se refiere a la Iglesia local y visible. Como organismo espiritual, podemos considerar a la Iglesia bajo dos aspectos, a saber: en cuanto a tiempo, en Mt. 16:18; y en cuanto a eternidad, en Ef. 3:9-11. Cuando se habla de la Iglesia cristiana de alguna ciudad o pueblo, la palabra *Ekkleesia* es usada en número singular, cuando se habla de la Iglesia de algún país o nación, se usa en plural, Hch. 13:1; Gá. 1:2.

III. La Iglesia local

Desde ahora limitaremos nuestra atención a la Iglesia Local, o Visible, y es necesario y deseable que tengamos una definición clara y precisa de lo que es una Iglesia según el Nuevo Testamento. Daremos tres:

I.   La *Iglesia Local* es un «cuerpo o grupo de personas que profesan creer en Cristo, que han sido bautizadas después de confesar su fe en Él, y que están asociadas para fines de adoración, obra y disciplina» (H. G. Weston).

II.   La *Iglesia Local*, o *Individual*, es un grupo de creyentes que se han juntado voluntariamente y de acuerdo con las leyes de Cristo, con el fin de mantener la adoración y observar las ordenanzas» (F. W. Farr).

III.   Una *Iglesia* es un grupo de creyentes llamados del mundo, juntados voluntariamente y reuniéndose periódicamente, entre los cuales se predica la palabra de Dios, se administra la disciplina y se observan las ordenanzas.

NOTA.— Hay personas que agregarían a esta última definición las dos ideas de la regeneración y el bautismo, lo que estaría completamente de acuerdo con las enseñanzas del Nuevo Testamento sobre el particular.

IV. La organización de la Iglesia

La Iglesia Universal e Invisible es un organismo, pero la Iglesia Local y Visible es una organización. Hay tres hechos que comprueban esto:

1. Reuniones periódicas. Los cristianos apostólicos se reunían periódicamente con el fin de adorar a Dios, yendo de casa en casa, al principio cada día de la semana, y más tarde en el primer día de la semana, o sea el domingo, que era llamado el Día del Señor, porque conmemora su resurrección de la muerte, Hch. 2:46, 47; 20:7; 1 Co. 16:2; Ap. 1:10.

2. Elección o nombramiento de oficiales, Hch. 1:15-26; Hch. 14:23; Tit. 1:5.

3. Oficiales. Había dos oficiales que encabezaban o dirigían la iglesia local en los tiempos del Nuevo Testamento, a saber: el Diácono y el Anciano u Obispo.

En tiempos postapostólicos y en la historia de la iglesia desde entonces, el Anciano y el Obispo representaban dos puestos distintos, siendo el Obispo superior al Anciano. Pero en el Nuevo Testamento las palabras anciano y obispo representaban un mismo puesto, Hch. 20:17, 28; Fil. 1:1; 1 Ti. 3:1, 8; Tit. 1:5, 7; 1 P. 5:1. La palabra «obispo» en griego significa superintendente y la palabra «anciano» en griego significa mayor de edad, poseyendo experiencia y capacidad administrativa. La palabra «diácono» significa ministro, o ayudante. El anciano o obispo tenía supervisión de los intereses espirituales de la Iglesia, mientras el diácono estaba a cargo de las cosas temporales. La fecha del nombramiento de diáconos en la Iglesia fue alrededor del año 33 d.C. (Hch. 6:1, 6). El nombramiento de ancianos se hizo alrededor del año 45 d.C. (Hch. 11:30).

Dos oficiales más de la Iglesia primitiva pueden mencionarse, a saber: la diaconisa; Fil. 4:3; Ro. 16:1; y el evangelista, Ef. 4:11. Los evangelistas eran predicadores ambulantes, que no estaban limitados a ninguna iglesia local.

NOTA.— También se mencionan Pastores y Profetas entre los oficiales de la Iglesia primitiva, 1 Co. 12:28; Ef. 4:17. Aunque Agabo y las hijas de Felipe predecían cosas futuras, sin embargo, el don de profecía mencionado en el Nuevo Testamento correspondía a la actual idea o concepto del predicador o exponente de la Palabra de Dios, 1 Co. 14:3.

VI. El gobierno de la Iglesia

Hay tres formas de gobierno eclesiástico, a saber:

1. Episcopal, o sea el gobierno por los obispos.
2. Presbiteriana, o el gobierno por los ancianos.
3. Congregacional, o el gobierno por los miembros mismos.

No hay ningún sistema rígido de gobierno eclesiástico prescrito en el Nuevo Testamento. Aunque hay sugestiones de las formas episcopal y presbiteriana (Hch. 20:17, 28; 14:23; Tit. 1:5), sin embargo, hay indicaciones de que la forma congregacional de gobierno era más común. Hay tres puntos que lo demuestran:

1. Cada iglesia tenía el derecho de disciplinar y excluir a sus miembros, Mt. 18:17; 1 Co. 5:15; 2 Ts. 3:6.
2. Cada iglesia elegía sus propios oficiales, Hch. 1:26; 6:1-6.
3. Cada Iglesia tenía la facultad de determinar todos los asuntos que no estaban ya determinados por las Escrituras, 1 Co. 11:34.

VI. La adoración en la Primera Iglesia

Había siete características de adoración pública en la Iglesia primitiva, que queremos anotar:

1. Alabanza. (Canto), Ef. 5:19.
2. Oración, 1 Ti. 2:1-4.
3. Profecía, 1 Co. 14:3.
4. Lectura de las Escrituras con comentarios.
5. Lectura de cartas apostólicas, Col. 4:16.

6.   Colectas para los pobres, 1 Co. 16:12.
7.   Celebración de la Santa Cena. (Semanalmente, al principio), Hch. 2:42.

NOTA.— Notemos aquí que el espíritu de adoración fue caracterizado por cuatro cosas: 1. Era humilde. 2. Era reverente. 3. Era agradecido (acción de gracias). 4. Era gozoso (Lc. 24:52, 53; Hch. 2:46).

VII.   La disciplina en la Iglesia

I.   Definición. La *disciplina* puede definirse como «la corrección o expulsión por la Iglesia de uno o más de sus miembros por inmoralidad de vida o herejía en doctrina.

II.   Clases de ofensas. Hay dos clases de ofensas de que un miembro de la Iglesia puede ser culpable, a saber: públicas y privadas. Y hay dos clases de disciplinas que corresponden a estas ofensas, a saber: pública y privada.

III.   Forma de disciplina. La disciplina por la Iglesia, sea pública o privada, puede tomar una de las siguientes formas:

1.   Represión privada, Mt. 5:23, 24; 18:15-17.
2.   Represión pública, 1 Co. 5:2-5; 5:13; 2 Co. 2:6-8; 2 Ts. 3:6.
3.   Excomunión.

NOTA.— Hay sólo tres formas en que un miembro puede salir de una iglesia local: por la muerte, por separación escrita, y por expulsión después de juicio por jurado o retiro bajo acusación. Una vez que haya sido excomulgado un miembro de la iglesia, debe ser tratado con ternura y procurar su restauración por arrepentimiento y fe.

VIII. Las ordenanzas de la Iglesia

1. Definición

Las ordenanzas son los ritos exteriores que Cristo ha instituido para la administración en cada Iglesia como señales y sellos visibles de la verdad salvadora del Evangelio.

2. Cuantía

Hay dos ordenanzas, y sólo dos, a saber: el Bautismo y la Santa Cena.

NOTA.— La Iglesia Romana enseña siete ordenanzas o sacramentos: Ordenación, Confirmación, Matrimonio, Extremaunción, Penitencia, Bautismo y Santa Cena.

1) Bautismo

I. Definición. Bautismo es el rito de iniciación en la Iglesia Cristiana. Es el símbolo de la unión con Cristo, Mt. 28:19; Mr. 16:15, 16.

II. Significado. El significado del bautismo es doble, a saber:

1. Es el símbolo o insignia del discipulado, la confesión pública de Cristo como Salvador y Señor.

2. Es el signo y sello de participación por fe en la muerte y resurrección de Cristo.

NOTA.— El bautismo en el Nuevo Testamento no es el equivalente al rito de circuncisión del Antiguo Testamento, porque la circuncisión era simbólica de limpiamiento, mientras el bautismo simboliza la muerte. Las condiciones, modo y aspirantes al rito del bautismo son cosas de controversias entre cristianos. A la luz del Nuevo Testamento, vemos que sólo adultos son candidatos para el bautismo; arrepentimiento y fe en Cristo son las condiciones esenciales, y la inmersión es indicada para el símbolo que presenta la ordenanza, Hch. 2:38-41; 8:12; Ro. 6:1-4; 1 Co. 10:1, 2; Col. 2:12.

2) SANTA CENA

I. Definición. La Santa Cena, o Cena del Señor, es una ordenanza instituida por Cristo para que sea observada por sus seguidores, y consiste en la consagración de pan y vino con las palabras de la institución, seguida por el acto de comer los elementos consagrados. La Santa Cena es simbólica de la comunión del creyente con Cristo: Mt. 26-30; Lc. 22:19, 20; 1 Co. 11:23-34.

NOTA.— Alguien ha sugerido que el bautismo puede ser llamado el sacramento de regeneración, y la Santa Cena el sacramento de santificación. Hay varios nombres en uso para Santa Cena: Santa Cena, Comunión, Eucaristía, sacramento de la Cena del Señor, Cena Conmemorativa y Ordenanza de la cena del Señor.

II. Puntos de vista. Hay cuatro puntos de vista principales sobre la Santa Cena entre los cristianos.

1. Transustanciación. Éste es el punto de vista de la Iglesia Romana. Esta Iglesia enseña que mediante la consagración por el sacerdote los elementos de pan y vino se convierten en el verdadero cuerpo y sangre de Cristo. Por tanto, el comulgante participa de Cristo físicamente, por la boca, completamente aparte del aprovechamiento espiritual por la fe.

2. Consustanciación. Es éste el punto de vista luterano, y enseña que aunque el pan y el vino no cambian, sin embargo, hay una verdadera aunque mística participación de Cristo por la boca. La participación es por la fe, siendo, éste el misterio inexplicable del sacramento.

3. Punto de vista Zwingliano. Éste enseña que la Santa Cena es sencillamente una conmemoración de su persona y sacrificio. Es netamente una fiesta conmemorativa. El Señor no está presente en los sentimientos devotos y captación espiritual, sino sólo en la

misma forma como lo están nuestros queridos deudos que se han ido, de los cuales recordamos sus virtudes y buenas obras.

4. **Punto de vista Calvinista.** Éste es el punto de vista evangélico generalmente aceptado por la Iglesia Protestante. Al contrario del punto romanista, enseña que los elementos no se convierten en la presencia verdadera y corporal de Cristo. También, y al contrario del punto luterano, enseña que no hay participación física de Cristo por la boca. Aún más, y opiniéndose al punto de vista de Zwinglio, enseña que la Santa Cena es más que una fiesta conmemorativa. El punto de vista calvinista afirma que después de la consagración los elementos no cambian, y que aparte de sentimientos devotos y aprovechamiento espiritual, la Cena no tiene valor. Además, enseña positivamente que por medio de estos elementos de la Cena el Creyente se pone en tal contacto vital con Cristo que no es posible lograrlo por otro medio de gracia, sino sólo comiendo por fe su carne y bebiendo su sangre, permaneciendo así en Él. La verdad simbolizada por la Santa Cena está en Jn. 6:51-58. Agustín, en el siglo IV dio el corazón mismo del significado espiritual de la Comunión cuando dijo: «Creed y habréis comido.»

IX. El Ministerio de la Iglesia

El ministerio o misión de la Iglesia Cristiana es doble: la evangelización y la edificación.

1. EVANGELIZACIÓN

Evangelización puede definirse como «esfuerzos hechos por la iglesia para la salvación de los hombres del pecado y error. Es la principal misión de la iglesia. En oposición al punto de vista posmilenario, no debemos tratar de traer el mundo a Cristo, sino llevar a Cristo al mundo. Se ve que hay una vasta diferencia. Predicar el evangelio como testimonio a todas las naciones y recoger de ellas un pueblo para Cristo, es la misión fundamental de la iglesia en esta dispensación, Mt. 28:19, 20; Mr. 16:15; Hch. 1:8; 15:14-18.

NOTA.— Hay dos hermosos símbolos del ministerio de la Iglesia al mundo: la sal y la luz. La sal es un preservativo y da sabor y agrado a la sociedad. La luz es un símbolo de testimonio, el testimonio que la iglesia lleva al mundo, tanto por la pureza de su doctrina como por la piedad de sus miembros.

2) EDIFICACIÓN

Edificación puede definirse como el crecimiento de la iglesia en verdad y en la gracia. Una vez salvados los pecadores, tiene que ser doctrinados en la verdad de las Escrituras y poseídos y llenos del Santo Espíritu. Hay cinco agencias o agentes que contribuyen a la edificación de la Iglesia:

1. El ministerio cristiano, Ef. 4:11, 12.
2. La palabra de Dios, Col. 3:16; 1 P. 2:2, He. 5:14.
3. El Espíritu Santo, Gá. 5:25; Ef. 5:18.
4. Los dones del Espíritu, 1 Co. 12:4-12.
5. Los sacramentos.

X. El destino de la Iglesia

El destino de la Iglesia cristiana es triple:

I.   Ser desposada como una virgen santa con Cristo, Ap. 21:9; 2 Co. 11:2; Ef. 5:27.
II.   Reinar con Cristo como su consorte real, Ap. 1:6; 3:21; 1 P. 2:9; ap. 20:6.
III.   Manifestar en los siglos venideros la alabanza, la gracia y la gloria de Dios, Ef. 1:6, 12; 3:10.

NOTA.— Hay tres palabras que ilustran estos tres grados de relación entre la Iglesia y su Señor, y éstas son: La Esposa, la Reina, la Joya.

CAPÍTULO IX

Novena Doctrina - Doctrina
de los sucesos finales

I. Laas dispensaciones

Por lo general los grandes estudiantes de la Biblia reconocen siete dispensaciones diferentes en la historia del mundo.

1. *La Dispensación de la Inocencia*, desde la creación hasta la caída del hombre.
2. *La Dispensación de la Conciencia*, desde la caída del hombre hasta el diluvio.
3. *La Dispensación del Gobierno humano*, desde Noé (diluvio) hasta Abraham.
4. *La Dispensación de los Patriarcas*, desde Abraham hasta Moisés.
5. *La Dispensación de la Ley*, desde Moisés hasta Cristo.
6. *La Dispensación de la Iglesia*, desde Pentecostés hasta el arrebatamiento de la iglesia.
7. *La Dispensación del Milenio*, desde la venida de Cristo en gloria hasta el aprisionamiento final de Satanás en el infierno.

NOTA.— Los breves períodos entre la Crucifixión y Pentecostés, y entre el Arrebatamiento de la Iglesia y la Venida de Cristo en Gloria son paréntesis.

II. La segunda venida de Cristo

1. SU LUGAR EN LAS ESCRITURAS

a) Por cada referencia a la *primera* venida de Cristo hay *ocho* referencias a la *segunda* venida.

b) Es el tema de algunos libros íntegramente, como el de los Tesalonicenses, y de algunos capítulos enteros, como Mateo 25 y Lucas 21.

c) Los profetas del Antiguo Testamento testifican de la segunda venida de Cristo, Is. 45:23; Ez. 21:25-27; Zac. 14:16, etc.

d) Los ángeles sabían de la segunda venida, Hch. 1:11.

e) Los apóstoles la proclamaban, Hch. 3:19; 1 Ts. 4:16; 1 Jn. 2:28; Jud. 14.

f) Jesús mismo hablaba frecuentemente de su segunda venida, Jn. 14:1-3, etc.

2. LO QUE NO ES LA SEGUNDA VENIDA

a) *No* es la muerte.

Los muertos resucitarán cuando venga Cristo, 1 Ts. 4:16, 17. Al morir vamos nosotros donde Él está.

En el arrebatamiento Él viene adonde nosotros, a buscarnos, Jn. 14:3. Algunos versículos perderían su significado si no se hace distinción entre la muerte y su segunda venida, Jn. 21:23; Fil. 3:20.

La muerte es un *enemigo*. En la segunda venida venceremos la muerte, 1 Co. 15:50-57. El cristiano no es exhortado a esperar la muerte, pero sí somos exhortados a menudo a esperar y anhelar la segunda venida de Cristo.

b) *No* es la venida del Espíritu Santo.

El Espíritu Santo es una persona distinta de Cristo, y su venida no es la venida de Cristo. Muchos pasajes que se refieren a la segunda venida de Cristo fueron dados después de Pentecostés, que fue el día cuando vino el Espíritu Santo. Fil. 3:21; 2 Ti. 4:8; 1 Ts. 4:16, etcétera.

c) *No* es la extensión universal del Cristianismo.
«El mismo Señor... descenderá», 1 Ts. 4:16.

d) *No* es la destrucción de Jerusalén.
Los pasajes que encontramos en Jn. 21:21 y en Ap.
22:20 fueron escritos *después* de la destrucción de Jerusalén.

La venida de Cristo es un hecho consolador; la destrucción de Jerusalén fue un juicio.

3. LAS SEÑALES DE LA SEGUNDA VENIDA DE CRISTO

1) Los postreros días serán tiempos peligrosos, 1
Ti. 3:1.

a) En el orden físico —por las pestilencias, terremotos, hambres, etc. Véase Mt. 25.

b) En el orden social —anarquía, comunismo, libertinaje.

c) En el orden nacional —guerras y rumores de
guerras.

d) En el orden religioso —espíritus de error y doctrinas de demonios, 1 Ti. 4:1.

2) Habrá una apostasía en la Iglesia, 2 Ts. 2:3.

3) Falsificaciones satánicas serán muy difundidas
—espiritismo, «Ciencia Cristiana», etc., 1 Ti. 4:1.

4) El Evangelio será predicado en todo el mundo,
Mt. 24:14.

No dice que toda la gente será convertida, ni que
todos oirán el Evangelio, pero el testimonio será proclamado por todas partes.

5) Gran aumento de conocimiento y ciencia, y
grandes facilidades para viajar, Dn. 12:4.

6) Multiplicación de las riquezas, Stg. 5:1, 8.

7) Israel será revivificado como nación, Ez. 36:37;
Hch. 15:16; Mr. 11:13, 14, 28.

Todas éstas son señales generales, y han sido suficientemente cumplidas para que confiadamente podamos esperar al Señor en cualquier momento.

NOTA.— El Señor Jesús nos amonesta, diciendo que no estamos en tinieblas para que aquel día nos alcance como un ladrón; pero debemos tener gran cuidado en no señalar hora y día de su venida.

Hay muchas profecías referentes a la segunda venida de Cristo en gloria, que es el segundo acontecimiento futuro. Las indicaciones que tenemos aún hoy día de su próximo cumplimiento, son evidencias que el primer acontecimiento, el arrebatamiento, está aún más cerca.

4.   Dos aspectos o faces de la venida del Señor

1)   Arrebatamiento

Tal como la primera venida del Señor se extendió sobre un período de treinta años, así también la segunda venida incluye diferentes acontecimientos. En la primera venida Cristo fue revelado como una criatur, en Belén; más tarde, como Cordero de Dios, con ocasión de su Bautismo; y al fin, como el Redentor, en el Calvario. En su segunda venida, Él, en primer lugar, secreta y repentinamente arrebatará, llevará a los suyos a las bodas del Cordero, Mt. 24:40, 41, 1 Ts. 4:13-18; 1 Co. 15:51-58.

Esta aparición o venida es llamada «el Arrebatamiento» o «Parousía».

NOTA.— Indudablemente después del arrebatamiento vendrá un período de terrible tribulación en la tierra, conocido en las Escrituras como «el tiempo de angustia para Jacob», Jer. 3:4-7; Zac. 13:9.

2)   La revelación

Después de esta tribulación habrá otra manifestación del Señor en el cielo, repentina, pero esta vez *visible*, acompañado de sus santos y ángeles, con el fin de establecer en la tierra el reino por tanto tiempo prometido. En su venida Él derrota a Satanás y lo ata por mil años, e implanta la Era Milenial, Ap. 20:1-6.

III. El Milenio

1. LA RESTAURACIÓN DE ISRAEL

Israel ha de volver a la Tierra Prometida y otra vez llegar a ser una nación, véase Gn. 12:1-3; Dt. 4:30, 31; Dt. 30:1-6; 2 S. 7:10; Am. 9:11-15; Is. 27:12, 13; Is. 60:1-22; Jer. 16:16-16; Ez. 20:36-44; Ro. 11:11-27; Hch. 15:13-16.

2. EL LIMPIAMIENTO DE ISRAEL. Ez. 36:34-28

Dios aquí promete limpiar a Israel de toda inmundicia, y de la adoración de ídolos, renovándolo interiormente, y haciendo que guarde todos sus estatutos y juicios.

En la revelación de Cristo, cuando se verá sobre el monte de los Olivos, entonces Israel, como nación, creerá en Él, y aceptará a Jesús, el Salvador que fue crucificado, como su Mesías y Señor, Zac. 12:10-14; Jer. 31:9; Jer. 23:3-6.

3. LA REORGANIZACIÓN DE LAS NACIONES

Los gobiernos de la tierra serán derribados y destruidos, y *todas* las naciones servirán al Rey de reyes, Dn. 2:44; Miq. 4:1, 2; Is. 49:22, 23; Jer. 23:5; Lc. 1:32; Zac. 14:9; Is. 24:23; Sal. 90:11; Sal. 22:8; Ap. 11:15.

4. EL RESTABLECIMIENTO DEL REINO DE DAVID

Todas las profecías del Antiguo Testamento que están por cumplir, y que se refieren a la gloria futura de Israel, tienen su consumación o cumplimiento en el milenio, Jer. 22:4; Ez. 37:22-28; Zac. 12:8; Hch. 15:16.

Jerusalén llegará a ser un centro mundial, y el hijo mayor de David (Cristo), reinará no sólo sobre su patrimonio (los judíos), sino que será el Rey del *mundo entero*.

5. DESAPARICIÓN DE LA MALDICIÓN

Al fin desaparecerá la maldición que ha venido sobre toda la tierra por causa del pecado. Los terribles efectos de la catastrófica caída del hombre serán eliminados de la tierra. Toda la tierra será llena de hermosura, paz y abundancia, Is. 32:15, 17; 51:3; Ez. 36:33-36; Is. 11:6-9.

VI. La resurrección

1. LA CERTIDUMBRE DE LA RESURRECCIÓN

1) Testigos del Antiguo Testamento.
Abraham, Gn. 22:5; He. 11:19.
Job, Job 19:25-27.
Isaías, Is. 29, 19.
Daniel, Dan. 12:2, 13.
Oseas, Os. 13:14.
2) Ejemplos de muertos que han sido resucitados.

NOTA.— Aunque se conoce que la resurrección futura es distinta de la resurrección de estos muertos, sin embargo, son ejemplos que confirman y corroboran el punto que estamos estudiando.

a) Eliseo levanta al hijo de la sunamita, 2 R. 4:18-37.

b) El hombre que resucitó al tocar los huesos de Eliseo, 2 R. 13:21.

c) La resurrección de la hija de Jairo, Mt. 9:25.

d) La resurrección del hijo de la viuda de Naín, Lc. 7:15.

e) Lázaro, Jn. 11:43, 44.

f) Dorcas, Hch. 9:41.

3) La evidencia más segura, la base más firme para creer en la resurrección de los muertos la encontramos en la resurrección de Cristo. No hay hecho en la historia que tenga mejores pruebas que su resurrección. Cristo mismo habló de su muerte y resurrección cuando aún vivía, Jn. 10:18; Lc. 24:1-8.

2. LA NATURALEZA DE LA RESURRECCIÓN

El nuevo cuerpo del creyente está relacionado con el cuerpo actual, 1 Co. 15. Es también semejante al cuerpo glorioso de Cristo. Es espiritual, en vez de natural; incorruptible, en vez de corruptible; literal y no simbólico. Ésta es la *redención* del cuerpo, Ro. 8:23.

3. EL TIEMPO DE LA RESURRECCIÓN

1) La resurrección de los justos, o sea, la resurrección para la vida, tendrá lugar cuando venga Cristo a fin de este siglo o época, 1 Co. 15:22, 23; 1 Ts. 4:14-17; Jn. 5:28; Ap. 20:4.

2) La resurrección de los malos tendrá lugar al fin del milenio, Ap. 20:13.

V. Los juicios

1. El juicio de los pecados de los creyentes, que tuvo lugar en el calvario, Jn. 5:24; Ro. 6:8; 7:4. Estos pasajes muestran cómo Dios considera el pecado y el carácter del pecado, cuando vemos el terrible castigo ejercido sobre el Hijo de Dios. Dios juzgó y condenó todo pecado en el Calvario.

Somos identificados con Cristo en su crucifixión. Tomamos el lugar de condenados y dignos de la muerte antes que podamos pedir el perdón y conseguir el privilegio de ser resucitados con Él a novedad de vida.

2. El juicio de premios o recompensas para los creyentes, 2 Ti. 4:8; Ap. 11:18. Los creyentes no ganan la salvación mediante su trabajo, porque es el don gra-

tuito de Dios, pero después de salvados pueden ganar sus coronas y recompensas mediante el fiel servicio hecho en y por el Espíritu.

El Nuevo Testamento habla de cinco coronas que serán otorgadas a los creyentes por su fiel servicio:

a) La corona incorruptible, 1 Co. 9:25.
b) La corona de justicia, 2 Ti. 4:8.
c) La corona de la vida, Stg. 1:12; Ap. 2:10.
d) La corona de gloria, 1 P. 5:4.
e) La corona de oro, Ap. 4:4.

Los premios son dados en recompensa por las obras edificadas sobre el fundamento que es Cristo. Es posible ser salvado «así como por fuego» (1 Co. 3:15), y ser avergonzado delante de Cristo en su venida. También es posible sobre-edificar con oro, plata y piedras preciosas; los que tal hagan resistirán la prueba delante del tribunal de Cristo, recibiendo así recompensa adicional.

3. El juicio de las naciones vivas. Siendo que las naciones sólo tienen su existencia en este mundo, por fuerza tendrán que ser juzgadas aquí. En cierto sentido, Dios está continuamente juzgando a las naciones o enviándoles grandes calamidades, o mandándoles bendiciones, según sean sus méritos nacionales. Pero habrá un juicio, final de las naciones ante el trono de Cristo, Mt. 25.

4. El juicio de los que han muerto en pecado. Éste es el gran día del juicio a que se hace referencia tantas veces en las Escrituras, y que tendrá lugar después del Milenio. Es llamado el «día de la ira y la revelación del justo juicio de Dios». Ro. 2:5; el «día de destrucción», etc.

Los santos se sentarán con Cristo, quien administrará este juicio, Jn. 5:22. Serán reunidos todos los hombres, pequeños y grandes, vivos y muertos: Ap. 20:12; 2 Ti. 4:1. Los libros de Dios serán abiertos, Dn. 7:10. Dios juzgará con justicia los hechos, palabras y pensamientos de los hombres, Ec. 12:14; Mt. 12:36, 37; Jud. 15; 1 Co. 4:5.

NOTA.— Algunos estudiantes de la Biblia agregan a estos juicios los siguientes: El juicio sobre la raza humana en Adán, el juicio propio del creyente, o de sí mismo, el juicio de los ángeles por los santos, y el juicio de Satanás por Dios.

VI. Las últimas escenas del «tiempo»

1. SATANÁS ES SUELTO POR POCO TIEMPO

Después del Milenio habrá una última y final rebelión de las fuerzas de maldad contra Dios y su Cristo.

Satanás es derrotado y echado al lago de fuego y azufre. Entonces tendrá lugar la última resurrección, la de los que han muerto en sus pecados; el juicio ante el gran trono blanco; y el lanzamiento de la muerte y la tumba al lago de fuego, Ap. 20:11-15.

2. LOS NUEVOS CIELOS Y LA NUEVA TIERRA

El antiguo orden de cosas en la creación ha sido destruido por fuego, y Dios cumple su promesa de hacer nuevas todas las cosas, 2 P. 3:12, 13.

La nueva Jerusalén desciende de Dios desde el cielo y llega a ser el Tabernáculo de Dios con los hombres: Ap. 21:2, 3.

3. LA REVELACIÓN A LOS HOMBRES DEL PLAN DE DIOS PARA LOS SIGLOS VENIDEROS LLEGA A SU FIN

Sabemos que en los siglos venideros Él mostrará las abundantes riquezas de su gracia en su bondad con nosotros en Cristo Jesús, Ef. 2:7. Y en 1 Co. 15:24 vemos la caída del telón sobre el gran drama de la historia del mundo, y entonces vendrá el fin, cuando Cristo habrá entregado el reino a Dios, el Padre, cuando Él habrá quitado todo imperio y toda potencia y potestad, y el Hijo mismo se sujetará a Aquel quien puso todo bajo Cristo, para que Dios sea todas las cosas en todos, 1 Co. 15:24-28.

Así, nuestra Biblia principia con las palabras «en el principio Dios», y el versículo que penetra más en el lejano porvenir termina con las palabras «para que Dios sea todas las cosas en todos.

»Por lo cual, oh amados, estando en esperanza de estas cosas, procurad con diligencia que seáis hallados de él sin mácula, y sin represión, en paz», 2 P. 2:14.

Printed in the USA
CPSIA information can be obtained
at www.ICGtesting.com
CBHW011253260124
3503CB00007BA/16

9 788472 289826